创新思维训练手册

杨 波 主 编
项 容 副主编

U0362242

清华大学出版社
北京

内 容 简 介

本书以深化产教融合为导向，遵循创新思维、创新方法、创新训练的编写路径，从突破思维障碍开始，对比了发散思维与收敛思维、横向思维与纵向思维、逆向思维与正向思维、抽象思维与形象思维、想象思维与联想思维、直觉思维与灵感思维等思维模式，介绍了头脑风暴法、思维导图法、强制联想法、白三角形法、希望点列举法、形态分析法、组合创新法、模仿创新法、奥斯本检核表法等创新方法。全书重点突出思维与方法的应用性，通过实用的画布与工具锻炼读者的实际操作能力，设计了大量源于生活的实训练习，使读者在做中学、学中练，逐步培养创新思维，体会创新乐趣，培养创新意识，掌握创新方法，提升创新能力。

本书强调应用性和可操作性，每个项目均配有教学视频、教学课件及习题，可作为高等学校、高等职业学校创新创业教育的课程教材，也可作为全民教育创新思维与创新方法的培训教材。

图书在版编目（CIP）数据

创新思维训练手册 / 杨波主编. —北京：清华大学出版社，2022.8（2024.1 重印）
ISBN 978-7-302-61304-6

Ⅰ. ①创… Ⅱ. ①杨… Ⅲ. ①思维训练—教材 Ⅳ. ① B80

中国版本图书馆 CIP 数据核字（2022）第 120585 号

责任编辑：刘士平 强 溦
封面设计：傅瑞学
责任校对：刘 静
责任印制：宋 林

出版发行：清华大学出版社
  网 址：https://www.tup.com.cn，https://www.wqxuetang.com
  地 址：北京清华大学学研大厦 A 座   邮 编：100084
  社 总 机：010-83470000   邮 购：010-62786544
  投稿与读者服务：010-62776969，c-service@tup.tsinghua.edu.cn
  质量反馈：010-62772015，zhiliang@tup.tsinghua.edu.cn
  课件下载：https://www.tup.com.cn，010-83470410
印 装 者：三河市铭诚印务有限公司
经 销：全国新华书店
开 本：185mm×260mm 印 张：9.25 字 数：198 千字
版 次：2022 年 9 月第 1 版   印 次：2024 年 1 月第 4 次印刷
定 价：46.00 元

产品编号：094580-02

前　言
preface

习近平总书记在党的二十大报告中强调，坚持创新在我国现代化建设全局中的核心地位，培育创新文化，弘扬科学家精神，涵养优良学风，营造创新氛围。创新引领未来，思路决定出路。人不易改变环境，但可以改变思路；多一个思路，多一条出路。"创新、协调、绿色、开放、共享"是推动我国经济高质量发展的五大发展理念，其中"创新"居于首要位置，是方向、是钥匙，是引领发展的第一动力。

随着经济社会的发展，人们充分认识到创新的重要性，但谈到自己该如何创新，往往一脸茫然，潜意识觉得创新很难、很远。其实创新并没有那么难，离我们也没有那么远。我们不一定非要原创，而可以模仿创新，在现有事物的基础上加以改造也是创新；我们也不一定非要发明创造新事物、新技术，而可以进行管理创新、制度创新、流程创新、营销创新、模式创新等。

本书编者通过企业调研发现，相对专业的岗位技能，企业更看重新入职者的基本素质，希望新入职者能够具备敬业负责的精神、吃苦耐劳的品质，具有健康的身体和心理素质，具有积极的世界观、人生观、价值观，有一定的自我学习能力、创新意识、创新能力等。对企业来说，专业岗位技能可以通过短期培养让新入职者快速习得，而素质教育则需要学校长期重点培养。对此，本书着重关注创新思维与创新能力的培养，力求让学生通过本书的学习能够适应未来的岗位的素质需要。

本书对接创新思维与创新方法课程，遵循创新思维、创新方法、创新训练的编写路径，从突破思维障碍开始，对比介绍了发散思维与收敛思维、横向思维与纵向思维、逆向思维与正向思维、抽象思维与形象思维、想象思维与联想思维、直觉思维与灵感思维等思维方法，介绍了头脑风暴法、思维导图法、强制联想法、白三角形法、希望点列举法、形态分析法、组合创新法、模仿创新法、检核表法等创新方法。在编写过程中，本书重点突出思维与方法的应用性，通过实用的画布与工具锻炼读者的实际操作能力，设计了大量源于生活的实训练习，使读者在做中学、学中练，逐步培养创新思维，体会创新乐趣，培养创新意识，掌握创新方法，提升创新能力。

本书针对岗位素质需要与课程教学需要，重点体现了以下特点。

（1）深化产教融合，满足企业实际需求。本书在编写过程中走访了数十家企事业单位，详细了解了他们对员工知识、能力、素质等方面的需求，以企业真实工作任务为依据设计创新训练案例，锻炼读者创新思维。

（2）融入课程思政，把立德树人放在首位。本书的案例和实训中融入了大量的课程思政元素，以课程为载体，加强对学习者的思想道德教育，力求实现知识传授与价值引领，引导学习者形成正确的价值观。

（3）方法实用，工具落地。本书通过实用的方法与工具，使抽象的思维得以落地实施。书中介绍的头脑风暴法、白三角形法、强制联想法、希望点列举法、组合创新法、形态分析法、模仿创新法、检核表法等都搭配有具体的画布工具供学习者练习使用，具有较强应用性。

（4）内容丰富，形式生动。本书采用工作手册式新形态教材的编写方式，既是教材，又是练习册，可以供学习者边学边练、加强理解。同时，本书力图用活泼生动的语言和形式把常用的创新思维与创新方法展示给读者，使读者充分体会到创新无处不在、创新充满乐趣。

（5）配套资源丰富，多种媒体融合。本书内容已经过三年校内试用，并在课堂上取得了良好的教学效果。本书每个项目均配有教学视频和教学课件，可以扫描书中二维码，或登录智慧职教平台搜索"创新360"课程观看。

本书可作为高等学校、高等职业学校创新创业教育的课程教材，也可作为全民教育创新思维与创新方法的培训教材。

本书由重庆城市管理职业学院杨波教授担任主编，重庆工商职业学院项容老师担任副主编，重庆工商职业学院刘玉萍、何跃、刘冬梅老师及重庆科智科技有限公司总经理任柯担任参编。具体编写分工如下：杨波负责总纂与定稿，并编写项目1、项目2、项目3、项目7、项目13;项容负责编写项目4、项目5、项目6、项目8；任柯负责编写项目9；刘玉萍负责编写项目10；何跃负责编写项目11；刘冬梅负责编写项目12。

本书在编写过程中参考了大量国内外文献，谨向这些文献的编著者和出版单位致以诚挚的感谢。由于编者水平及教学经验有限，书中难免存在不足之处，衷心希望广大读者提出宝贵意见。

编者

2022 年 5 月

目 录
Contents

项目 **1**

突破思维障碍

思维导图

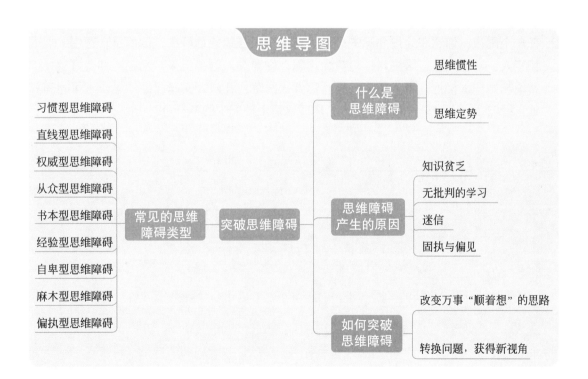

练一练，学习如何突破思维障碍

1. 小红的爸爸开了一家花店。一天，爸爸有事要离开花店，让小红帮忙看店。小红不会给玫瑰花打包，于是爸爸临走时将店里的 1000 朵玫瑰花全部打包成了 10 个花束，顾客无论要买几朵玫瑰花，都可以不用打开包装，只需要随意组合便可直接销售。请问小红的爸爸是怎样打包的？

2. 在一个雨夜，你驾车经过熟悉的小镇。有三个人在焦急地等车，他们是：医生、女人和老人。对你而言，医生对你有救命之恩；你对女人倾慕已久，她也对你有好感，你希望与她深入相处；老人重病在身，需要去医院。此时公交车已经停运，不可能有其他车经过，而你的车只能捎带一人，你应该带上他们中的哪一个？

1.1　思维讲解

法国心理学家约翰·法伯曾做过一个著名的毛毛虫实验，通过实验发现毛毛虫有一种"跟随者"的习性，总是盲目地跟随着前面的毛毛虫。法伯把若干个毛毛虫放在一个花盆的边缘上，首尾相接，围成一圈，并在花盆周围不远处撒了一些毛毛虫最喜欢吃的松针。毛毛虫一个跟着一个，绕着花盆一圈又一圈地走。一小时过去了，一天过去了，毛毛虫夜以继日地坚持绕着花盆的边缘转圈。这些毛毛虫一连走了七天七夜，终因饥饿和精疲力竭而死去。

实验的结果耐人寻味：在这么多毛毛虫中，其实只要有一只稍微与众不同，大胆尝试，走出圈子，便能避免死亡的命运。我们也常常像毛毛虫一样陷入一种不能自拔的状态，仿佛走入了迷宫一般，寻找不到出路。其实，有时候只需要换个角度，换个思路，就能寻得出路。

1.1.1　什么是思维障碍

人的大脑思维有一个特点，就是一旦沿着一定的方向、按照一定的次序思考，久而久之就会形成一种惯性，即思维惯性。思维惯性是顽固的、不容易克服的。如果对于自己长期从事的工作或日常生活中经常发生的事情产生了思维惯性，多次以这种思维惯性来对待客观事物，就会形成非常固定的思维模式，即思维定势。思维定势就是按照积累的思维活动经验、教训和已有的思维规律，在反复使用中形成的比较稳定的、定型化了的思维路线、方式、程序、模式。在一些情况下，思维惯性和思维定势会形成思维障碍，会阻碍人创造性地思考、解决问题，对于打破常规、发明创造是非常不利的。

1.1.2　思维障碍产生的原因

1. 知识贫乏

一个人的知识越贫乏，思维越容易受到限制。知识不仅包括书本上的内容，而且包括对生活中经验的总结。

2. 无批判的学习

现在通过各类渠道传播的信息很杂，对于一些"伪科学"，应勇于质疑、敢于批判。学习过程中应保持主见，要坚持独立思考，形成自己的观点。

3. 迷信

迷信不仅指封建迷信，还指迷信权威、迷信书本，迷信会使自己闭目塞听，对周围事物不敏感。妨碍人们创造的最大障碍，并不是未知的东西，而是已知的东西。

4. 固执与偏见

固执与偏见是指人们形成的偏于一方面的见解。有些成功人士因为经验丰富，会过于自信，处理事情时一味坚持己见，但有可能环境已经改变，过去的经验并不适用，反而形成了偏见。

1.1.3 常见的思维障碍

常见的思维障碍有习惯型思维障碍、直线型思维障碍、权威型思维障碍、从众型思维障碍、书本型思维障碍、经验型思维障碍、自卑型思维障碍、麻木型思维障碍、偏执型思维障碍等。

1. 习惯型思维障碍

习惯型思维障碍是指人们不自觉地用某种习惯的思维方式去思考已经变化的问题。惯性思维并不总是有害的，对于一些简单的问题和日常生活中的小事，按照习惯去思考、行事，可以节省时间或者少费脑筋，但对于新出现的比较复杂的问题，若也用惯性思维去解决，就会使我们犯错误或者面对新问题时一筹莫展。

2. 直线型思维障碍

人们在解决简单问题时常会用一就是一，二就是二，或 A=B、B=C 则 A=C 这样的直线型思维方式，这就形成了直线思维定势，不善于从侧面、反面或迂回地思考问题，不懂得变通。

3. 权威型思维障碍

权威型思维障碍指人们在长期的学习、工作和生活中，对权威的尊敬甚至崇拜，对权威形成不自觉的认同和盲从。尊重权威没有错，但一切都按照权威的意见办事，不敢怀疑权威的理论或观点，不敢逾越权威半步，就会对创新思维形成极大障碍。权威障碍主要有三种：一是人们在从小到大的学习过程中所接受的"教育权威"；二是由于专业技能差异所导致的"专业权威"；三是由于职务不同所导致的"领导权威"。

4. 从众型思维障碍

人们在生活中常会有从众心理，即不带头、不冒尖，不加思索地盲从众人的认知与行为，明明稍加独立思考就能正确决策的事，偏偏跟着大家走弯路，这就是从众型思维障碍。例如一个遵守交通规则的人，独自遇到红灯时肯定会停下来，过马路时肯定要走斑马线，但是当和许多人一起过马路的时候，看到大家都不走斑马线，而且闯红灯的人越来越多，便也会跟着大家一起不遵守交通规则。

5. 书本型思维障碍

书本型思维障碍是指人们对书本知识的完全认同与盲从。在许多人的认知里，书本上写的内容都是正确的，遇到难题会先查书，如果自己发现的情况与书本上不一样，那就是自己错了，书上没有说的不敢做，书上说不能做的更不敢做。对于读书比自己多的人说的话，他们完全相信，一点也不敢怀疑。书本型思维障碍使人们对书本知识的过分相信而不能突破和创新。

6. 经验型思维障碍

经验型思维障碍是指人们不自觉地用已经获得的经验去思考变化中的问题。在当今社会，世界变化日新月异，科技进步非常快，很多以前不可能的事情都变成了可能，所以我们不能完全依照过去的经验去判断未来，依照已经发生过的事情来判断尚未发生的事情。过去的经验既是我们的财富，在某种程度上又是我们的包袱。

7. 自卑型思维障碍

自卑型思维障碍是指一个人非常不自信，由于失败或成绩较差，受到过他人的轻视，产生了自卑心理，并在这种心理的支配下，不敢去做没有把握的事情。

8. 麻木型思维障碍

麻木型思维障碍的表现是不敏感，思维不活跃。有这种思维障碍的人注意力不容易集中，难以产生兴奋的状态，对各类事物习以为常，不能及时捕捉关键问题。

9. 偏执型思维障碍

在日常生活中，我们常会发现有些人特别固执，思考问题时总是以自我为中心，总觉得自己很了不起，不知道天外有天，人外有人。这些人不会听取他人的意见，喜欢跟他人唱对台戏，人家说东，他偏往西，喜欢赌气，即便花费许多力气、走了许多弯路也不愿回头，这便是会阻碍创新思维的偏执型思维障碍。

1.1.4　如何突破思维障碍

思维障碍是我们进行创新的拦路虎，突破思维障碍最好的办法就是转换思维视角。什么是思维视角？人的思维活动不仅有方向、次序，还有起点，在起点上，还有切入的角度。思维开始时的切入角度便叫作思维视角。扩展思维视角对认识客观事物具有极大影响，这是因为：第一，事物本身都有不同侧面，从不同角度去考察，就能更加全面地了解事物的本质；第二，任何事物都不是孤立存在的，与周围的其他事物都有着千丝万缕的联系，观察研究某一未显露本质的事物，可以从与其有联系的另一事物中找到切入点；第三，事物是发展变化的，发展变化的趋势有多种可能性。

突破思维障碍可采用以下方法。

1. 改变万事"顺着想"的思路

"顺着想"可以使我们比较容易地找到解决问题的切入点，提高效率，但当"顺着想"行不通的时候，就需要改变思路，变"顺着想"为"倒着想"，从对立面去思考，或者改变自己的位置和出发点，换位思考。

2. 转换问题，获得新视角

问题是多种多样的，但彼此之间有很多相通的地方，对于难以解决的问题，与其死死盯住不放，不如把问题转换一下，尝试将复杂问题简单化，把生疏的问题转化为熟悉的问题，可能就会有新的思维视角。

1.2 思维应用

1.2.1 收到快递却找不到刀子

小花收到了快递盒子，兴高采烈地想拿美工刀划开透明胶打开快递，但找来找去都找不到美工刀，十分恼火。小花的丈夫问明原因后，随手拿起身边的钥匙，把透明胶戳开，打开了快递。小花不禁想："为什么他会想到用钥匙呢？"此后，每次丈夫开快递，小花都会留意他用什么划开透明胶。她发现丈夫有时用美工刀，有时用螺丝刀，有时用钥匙，有时用中性笔。小花发现，自己会按照习惯去找美工刀，而对于丈夫，只要是尖锐的东西都可以用来打开快递，思维更加开阔。

1.2.2 如何防止"人遛狗"变成"狗遛人"

许多年轻人钟爱饲养大型犬，但养大型犬有一个难题，就是在遛狗时可能变成"狗遛人"，瘦弱的女生很容易被大型犬拉着疯狂向前冲。应该怎样防止狗狗爆冲呢？

最常见的思维就是，狗狗爆冲时主人要在精神上批评它，在肉体上打它，通过这种方式让它停止这样的行为。一旦停止了爆冲，就要在精神上表扬它、赞美它，在肉体上给它好吃的。"胡萝卜加大棒"是驯狗的惯用套路。但是这样的方法并不是对所有狗都适用，尤其有的狗已经超过了适合训练的年龄，或者有的狗自主意识非常强，或者狗主人训练不够专业，这样的训练方法可能难以奏效。

所以，可以换一种思维，从狗的角度，怎样让狗狗爆冲就会不舒服，自动不爆冲呢？

有人想到，可以在狗狗脖子上系一根绳，做成一个活套，如果狗狗爆冲，活套就会收紧、勒住狗狗，使其自动减速，由此发明了防爆冲的活套宠物项链，如图 1-1 所示。

还有人想到，如果狗一旦向前冲，就会被前面的东西刺到，便会停止爆冲，由此发明了刺钉宠物项圈，如图 1-2 所示。当然，刺钉的一端是圆润的，而且有保护套，不会伤到狗。

图 1-1　防爆冲的活套宠物项链

图 1-2　防爆冲的刺钉宠物项圈

1.3 思维小游戏：创意创新作品展览会

1.3.1 游戏内容

每组选择 1 个领域，在网上搜集有创意的作品图片、视频，并将收集到的材料制作成 PPT 或短视频，向全班同学展示。

可选领域：建筑、海报、广告、服装、产品发明、农作物改良、小说漫画、店名店招、摊位形象、营销促销、员工福利、周年庆、家族团聚、成人礼、环保、公益、手工艺品、其他你感兴趣的需要创意的领域。

单位：小组。

要求：

（1）收集不少于 8 张作品图片。

（2）制作 PPT 或短视频时，每个画面应展示一张大图，并加一行文字说明。

1.3.2 创意创新作品示例

1. 创意商品

商品设计需要融入创新元素。例如，55℃的保温杯可以把 100℃的开水在 1 分钟内快速降温至 55℃；某咖啡品牌推出的限量版猫爪杯被人们疯抢，正是由于它的创意设计，饮料倒进去就会形成一个粉色的立体猫爪，软萌惹人爱，如图 1-3 所示。

图 1-3 55℃的保温杯与猫爪杯

2. 创意作品

文学艺术作品的创作，如小说、漫画、电影等，更是需要创意。有创意的作品能让人眼前一亮，获得人们更多的关注和好评。例如，电影《流浪地球》改编自同名小说，讲述的是在未来世界太阳即将毁灭，人类为了生存开启"流浪地球"计划，展示了在这样的绝境下人们不同的生活境况，充满创意。

3. 创意酒店

主题酒店常会用一些创新元素吸引顾客去打卡、消费。例如，酒店可以开在海底、深山独木桥旁、冰天雪地中、水面上、悬崖峭壁上，顾客可以在瀑布下吃饭，和长颈鹿吃饭，在山洞里吃饭，这些都让人耳目一新。如图 1-4 所示为独具创意的海底酒店。

图 1-4　独具创意的海底酒店

4. 创新医疗技术

医疗技术的发展需要科研人员有创新精神，以此不断推动技术进步。例如，科研人员发明了可被人体吸收的电子器件，让电子系统植入人体；发明了如图 1-5 所示的意念可控假肢，使人直接通过大脑的意念让假肢做出相应的动作；发明了如图 1-6 所示的医用纳米机器人，可以让其装着药物在血液、细胞液中向病灶区运动，实现肿瘤的靶向治疗。

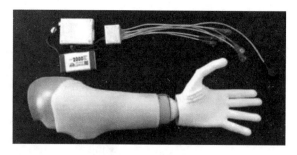

图 1-5　意念可控假肢

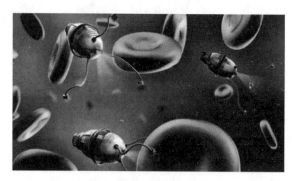

图 1-6　医用纳米机器人

5. 创新商业模式

企业的发展需要商业模式的不断创新，以应对全新的竞争环境和顾客需求。例如，零售模式已经过不断创新演变，从传统的单店模式发展出了连锁经营模式、电商模式、新零售模式等。

项目 ②

创新思维——方向性思维

学习目标

1 认识发散思维与收敛思维、正向思维与逆向思维、纵向思维与横向思维。
2 学会应用发散思维、逆向思维、横向思维思考并解决问题。
3 综合运用方向性思维完成"沙漠求生"任务。
4 结合中国优秀传统文化、党史知识体会方向性思维的内涵。

思维导图

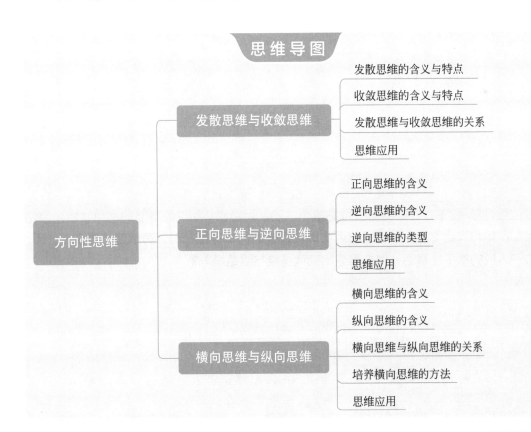

　　思维是人脑对客观事物的概括和间接的反应过程，它能够探索与发现事物的本质联系和内在规律，是认知过程的高级阶段。把人们开展思维时的趋势和思路比作思维方向，按照趋势和思路来开展的思维称为方向性思维。方向性思维可以充分发挥人们的探索力和想象力，包括发散思维与收敛思维、正向思维与逆向思维、横向思维与纵向思维等。

2.1　发散思维与收敛思维

　练一练，对比发散思维与收敛思维

1. 没有开瓶器，如何开红酒？

2. 如何让孔雀开屏？

3. 三位男青年 A、B、C 即将与三位姑娘甲、乙、丙结婚。A 说他要娶的是甲姑娘。甲姑娘却说她将嫁给 C。C 说他是与丙结婚。直到他们举行婚礼时才弄清楚，原来 A、甲、C 三人说的都不是真话。你能推理出究竟是谁与谁结婚吗？

2.1.1　思维讲解

1. 发散思维的含义与特点

发散思维又称辐射思维、放射思维、扩散思维、求异思维，是指大脑在进行思维活动时呈现的一种扩散状态的思维模式，表现为思维视野广阔，思维呈多维发散状。可通过"一题多解""一事多写""一物多用"等方式培养发散思维的应用能力。发散思维是以某一问题为中心，沿着各种不同途径去思考，探求多种答案的一种思维方法，它不局限于一种思路，不墨守成规，不拘泥于传统。发散思维是创造性思维最主要的特点，是衡量创造力的主要标志之一。

发散思维具有以下特点。

（1）流畅性。在尽可能短的时间内生成尽可能多的思维观念。

（2）变通性。克服头脑中僵化的思维定势，转换新的方向思考问题，触类旁通，随机应变。

（3）独特性。通过运用发散思维可做出不同寻常、异于他人的新奇反应。

（4）多感官性。充分利用各种感官接受信息并进行加工。

2. 收敛思维的含义与特点

收敛思维又称聚合思维，是指以研究对象为中心，将众多的思路和信息汇集于一个中心点，通过比较、分析、筛选、论证得出现有条件下解决问题的最佳方案。

收敛思维具有以下特点。

（1）唯一性。收敛思维是把许多想法集合起来，选择一个合理的答案。

（2）连续性。收敛思维通常是一环扣一环，连续进行。

（3）求实性。由发散思维所产生的众多设想或方案，通常是不成熟的、不实际的。收敛思维可以对发散思维的结果起到筛选作用，由收敛思维选择出来的方案是按照实际标准来决定的，是切实可行的。

（4）聚集性。收敛思维会围绕问题反复思考，使原有的思维浓缩、聚拢，形成思维一定的深度，最终达到质的飞跃，顺利解决问题。

3. 发散思维与收敛思维的关系

发散思维与收敛思维具有一种辩证关系，既有区别，又有联系。

1）区别

发散思维与收敛思维的区别主要体现在以下两方面。

（1）两种思维指向不同。发散思维是由问题的中心指向四面八方，是由一到多；收敛思维是由四面八方指向问题的中心，是由多到一，如图 2-1 所示。

（2）两种思维作用不同。发散思维更具广阔性、开放性，有利于广泛收集信息，发现新思路，寻找新方法；收敛思维则有利于进行逻辑分析，找出关键信息，得出结论，从而解决问题。

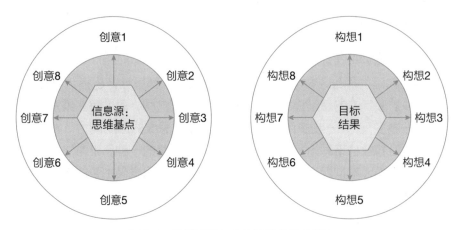

图 2-1　发散思维与收敛思维的思维指向

2）联系

没有发散思维对信息的广泛收集与多方搜索，收敛思维便没有加工对象，分析整理便无从进行；没有收敛思维的认真整理与精心加工，由发散思维得出的结果再多，也不能形成有意义的创新成果，所收集的信息也就失去了价值。只有两者协同合作，交替运用，才能圆满完成一个创新过程。

创新思维一般是先发散、后集中，在遇到问题时，先运用发散思维探求多种可能的解决办法，然后运用收敛思维比较、分析、筛选出最优的解决方案，两者的整合运用过程如图 2-2 所示。

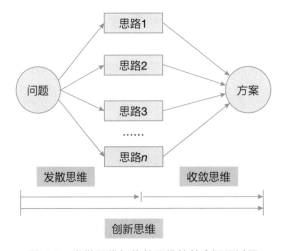

图 2-2　发散思维与收敛思维的整合运用过程

2.1.2 思维应用

1. 菜刀的创新

人们在日常生活中经常使用的菜刀，经过几千年的演变，尽管材质、工艺千差万别，但一直是人们所熟悉的样子。要想对传统的菜刀进行创新很难，但一款轮式菜刀的出现使人们眼前一亮。直观来看，这甚至不像是一把菜刀，更像是武侠片里出现的某种兵器。如图 2-3 所示，这款轮式菜刀的刀刃呈圆形，上半部分套上了 U 形刀柄，使用时用滚动的方式来切菜，无论切片、切丝、切段，还是切菜、切肉、切面包，只需反复滚动刀片，便可以顺滑、轻松地完成。为方便切割不同食材，这款菜刀还配备了三种不同的刀片用于替换，在刀柄食指处有一个弹簧片，扣住即可固定住刀片。

图 2-3　轮式菜刀

2. 地雷战中的发散思维

1942 年，侵华日军在华北实施大规模的扫荡行动，企图摧毁中国共产党及其领导的抗日根据地。面对日军疯狂的军事行动，抗日根据地军民展开了艰苦卓绝的反扫荡斗争，发挥聪明才智，运用发散思维，创造性地发明了头发丝雷、子母雷、碎石雷、连环雷、水雷、天雷、石雷、绊雷、假雷等各式各样的地雷，对敌展开地雷战，有力打击了敌人的嚣张气焰。

3. 精准扶贫中的收敛思维

2012 年，我国贫困人口占总人口的比例已降至 10.2%，减贫已进入国际公认的"最艰难阶段"，但我国仍有农村贫困人口 9899 万人，贫困县 832 个。面对贫中之贫、困中之困，亟待解决如何实现真扶贫、扶真贫、真脱贫的问题。

2013 年 11 月，在湖南省花垣县十八洞村，习近平总书记首次提出"精准扶贫"的重要理念，作出"实事求是、因地制宜、分类指导、精准扶贫"的重要指示。2015 年，在中央扶贫开发工作会议上，习近平总书记提出实现脱贫攻坚目标的总体要求，实行扶持对象、项目安排、资金使用、措施到户、因村派人、脱贫成效"六个精准"。此后，我国扶贫开发工作进入了"滴灌式"精准扶贫新阶段。得益于精准扶贫方略，在中国共产党成立一百周年的重要时刻，我国脱贫攻坚战取得了全面胜利，现行标准下 9899 万农村贫困人口全部脱贫，832 个贫困县全部摘帽，12.8 万个贫困村全部出列，区域性整体贫困得到解决，完成了消除绝对贫困的艰巨任务，创造了又一个彪炳史册的人间奇迹。精准扶贫方略，是中国打赢脱贫攻坚战的制胜法宝。

精准扶贫思想体现了收敛思维，即扶贫必须要有精准度，要改变一般性扶贫、粗放式扶贫的做法，要改革扶贫思路和方式，要用精准理念贯通扶贫开发全流程，要解决钱和政策用在谁身上、怎么用、用得怎么样等问题，要变大水漫灌为精准滴灌，要针对不同贫困区域环境、不同贫困农户状况，运用科学有效程序对扶贫对象实施精准识别、精准帮扶、精准管理的治贫方式，帮助每一个贫困县、每一个贫困户都摸索出一条适合自己的脱贫致富的道路。

（资料来源：精准扶贫是打赢脱贫攻坚战的制胜法宝. http://cpc.people.com.cn/n1/2021/1103/c64387-32272002.html）

2.2 正向思维与逆向思维

 练一练，对比正向思维与逆向思维

1. 今天是星期二，运动会开幕式的倒计时牌上显示是 200 天，请问运动会开幕式那天应该是星期几？

2. 如何避免自助餐的浪费呢?

3. 李白提壶去买酒，遇店加一倍，见花喝一斗，三遇店和花，喝光壶中酒，问李白壶中开始有多少酒?

温馨提示：这道题可以从正向思维和逆向思维两个角度来考虑。用正向思维可假设李白壶中开始有 x 斗酒，列方程解出 x；用逆向思维可以用倒推的方式从后向前推出李白开始有多少酒。两种方法都可以解答，同学们可以试试哪种方法更简单。

2.2.1 思维讲解

1. 正向思维与逆向思维的含义

正向思维是一种从已知求得未知，通过已知信息来揭示事物本质的思维方式，是在把握事物过去和现在的基础上，预测其未来。

逆向思维又称反向思维，是以对立、颠倒、逆转等方式认识问题或寻求问题解决方案的思维。逆向思维敢于"反其道而思之"，让思维向对立面的方向发展，从问题的相反面深入探索，从而树立新思想，产生新思路。

逆向思维对于激发思想活力、增强创造力有特殊价值。富有创造力的人通常能够打破僵化的思维定势，以突破常规的新思路，提出一般人看来是违背常理的独特见解，形成与众不同的问题解决方案。逆向思维不是简单的、表面的逆向，不是别人说东，我偏说西，而是真正从逆向中产生独到的、科学的、令人耳目一新的判断。

2. 逆向思维的类型

1）反转型逆向思维

反转型逆向思维是指从已知事物的相反方向进行思考，进而产生创意。反转型逆向思维通常从事物的功能、结构、因果关系三个方面进行。例如，传统牛仔裤的功能是满足工人劳动需要，布料结实厚重，一旦破损便失去了穿着的价值，但时至今日，人们的穿着以舒适轻巧为主，破洞牛仔裤的新颖设计反而成为新潮时尚的代表，破洞设计增加了牛仔裤的产品价值，如图 2-4 所示。

图 2-4 破洞牛仔裤

2）转换型逆向思维

转换型逆向思维是指在研究一问题时，由于解决该问题的路径受阻而转换为另一种路径或转换思考角度，以便使问题顺利解决的思维方法。例如，最原始的吸尘器不是吸尘器，而是吹尘器，设计者想用风把灰尘吹跑，但实验之后发现这个办法不好用，灰尘被吹到空气中会使人喘不过气来，于是便转换思路，反其道而行之，发明了真正的吸尘器。

3）缺点逆用型逆向思维

缺点逆用型逆向思维是将事物的缺点变为可利用的东西，化被动为主动，化不利为有利的思维发明方法。例如，有一家玩具企业快倒闭了，老板突发奇想，小朋友们都喜欢漂亮可爱的玩具，是不是可以反其道而行之，做一些丑陋的玩具看看孩子们是否喜欢，没想到如图 2-5 所示的丑陋的玩具被推向市场后大受欢迎，这家面临倒闭的企业依靠逆向思维又得以继续运营。

图 2-5　丑陋的玩具

2.2.2　思维应用

1. 四渡赤水出奇兵

四渡赤水是中央红军在长征途中，为争取战略主动，在贵州、四川、云南边境地区，成功进行的一次高度灵活机动的战略性战役。在毛泽东、周恩来等的领导下，中央红军运用示形诱敌、声东击西、避强就虚、机动灵活的作战方法，夺取了战略转移中的主动权，采取高度机动的运动战方针，反复运用逆向思维，纵横驰骋于川黔滇边境广大地区，有效地调动和歼灭敌人，出奇制胜。经过这场战役，中央红军跳出了数十万敌军围追堵截的包围圈，彻底粉碎了蒋介石企图围歼其于川黔滇边境地区的狂妄计划，实现了渡江北上的战略意图，是中央红军战略转移中有决定意义的胜利。

2. 作业辅导

辅导孩子完成作业常让父母感到头疼，在一户人家中出现了以下情景。女儿说："妈妈，你都不用做作业，就知道检查我的作业。"妈妈说："那我来帮你写作业，你来检查好吗？"女儿高兴地答应了。妈妈把作业做完后给女儿检查，女儿认真地检查了一遍，还给妈妈讲解错题、列出算式，但是她不知道为什么妈妈把很多题都做错了。

2.3 横向思维与纵向思维

 练一练，对比横向思维与纵向思维

1. 一根 1 米长的空心钢管，内径正好放入一个乒乓球。若把钢管一端牢牢固定在地面上，将其竖立起来，应如何取出钢管里面的乒乓球？

2. 有两家相邻的电影院，环境和设施差不多，相互之间竞争很激烈。其中一家通过电影票打折的方式来吸引观众，另一家电影票不打折，但免费送一包爆米花。你觉得哪一种方法好？为什么？

2.3.1 思维讲解

1. 横向思维与纵向思维的含义

1）横向思维

横向思维由创新思维之父，"六项思考帽""水平思考法"发明者爱德华·德·波诺（Edward de Bono）教授于1967年提出。他在他的第一部著作《水平思维的运用》（1967年）中描述了摆脱思维僵化模式的方法——冲出匣子，打破思维常规。德·波诺教授针对纵向思维，即传统的逻辑思维提出了一种看问题的新方式，发动了一场思维方式上的革命，提出了再造创造力的方式。

横向思维是一种打破常规，摆脱对某种事物固有的思维定势，将思维向更宽广领域拓展的一种创造性思维。这种思维就像河流一样，遇到宽广处，会自然地蔓延开来。运用横向思维可以多角度地解决问题，举一反三，另辟蹊径。

2）纵向思维

纵向思维是按照一定的逻辑思路，遵循由因及果、由表及里、由浅到深、由始到终的线索，把思维向纵深推进的思维方法，强调依据过去的经验向上或向下进行垂直思考。我们在平常的工作、学习、生活中多采用这种思维方式，其特点是清晰明了，合乎逻辑。

2. 横向思维与纵向思维的关系

1）横向思维是纵向思维的对立面

纵向思维由于长期反复使用，已经成为人们的一种习惯和思维定势，甚至已深入到潜意识，成为一种本能的活动；而横向思维则必须有意识地、自觉地破除思维惯性和思维定势，经过反复思考才能进行。横向思维总是带着希望，希望能找到更好的方案，它并非要尝试证明什么，而是要引发新思路，解决新问题。

2）横向思维与纵向思维具有互补性

德·波诺教授创立横向思维概念的目的是针对纵向思维的缺陷，提出与之互补的、对立的思维方法。纵向思维与横向思维相结合，能使思维变得更加科学。纵向思维是一种习惯化、定势化思维，在人类的思维活动中占据主导地位，可以高效率地处理大量常规问题。但是，对于非常规问题，纵向思维通常无能为力，因此需要有意识地运用横向思维来解决。

3. 培养横向思维的方法

横向思维可以通过长期锻炼进行培养，主要有以下方法。

（1）遇到问题，多思考几种选择方案。

（2）善于打破思维定势，提出富有挑战性的假设。

（3）反向思考，用与常规思维完全相反的方式思考，以产生新的思想。

（4）对头脑中冒出的新主意不要急于判断是非。

（5）对他人的建议持开放态度，让一个人的主意刺激另一个人的主意，形成交叉刺激。

（6）扩大接触面，寻求随机信息刺激，以获得有益的联想和启发。

2.3.2 思维应用

1. 中华优秀传统文化中的横向思维

中华优秀传统文化中有很多运用横向思维的故事。司马光砸缸，小孩掉进大水缸里，司马光运用横向思维，从侧面把缸砸破，让水流出来，从而使小孩得救。曹冲称象，曹冲将庞大的不可能称重的大象转换为小的、可以称重的碎石块，有效地解决了难题。草船借箭，周瑜要诸葛亮三天内打造出 10 万支箭，这是不可能完成的任务，诸葛亮另辟蹊径，用草船向曹操借了 10 万支箭，解决了周瑜的刁难。围魏救赵，魏国围困赵国都城邯郸，赵国求救于齐国，齐国田忌、孙膑率军救赵，却没有直接解救赵国都城，而是引兵直攻魏国国都，魏军回救，齐军乘其疲惫，于中途大败魏军，遂解赵国之围。

2."农村包围城市"的革命道路

马克思主义在中国传播实践的过程中，毛泽东、周恩来、朱德等老一辈无产阶级革命家发现沿用苏联模式在大城市发动起义行不通，因为敌人在大城市的根基太厚、势力太强大。于是，毛泽东另辟蹊径，运用横向思维，采用"农村包围城市"的策略，在反动派势力薄弱的农村、山区点燃了革命的星星之火，最终形成燎原之势，解放了全中国。

3. 火箭的改进

要想把卫星发射到太空，需要很强大的推力，光靠一节火箭是不够的。在最初的设计中，科学家们不断纵向增加火箭节数，将它们串联起来，但这样火箭会过长，难以运作。后来一个科学家运用横向思维，把用于助推的"小火箭"捆绑在主火箭四周，并联起来，如图 2-6 所示，有效解决了这个问题。

图 2-6　并联的助推"小火箭"

2.4　思维小游戏：沙漠求生

无领导小组讨论是一种集体面试的形式，是由一群应聘者在没有指定谁是领导者的情况下，针对一个临时提出的问题，讨论出解决方案。与此同时，多个面试官在旁边自由走动，在不干扰应聘者讨论的基础上，观察应聘者的思维方式、表达能力、处理问题的方法等，边观察边记录，最后给出录用建议。

现在，我们应用无领导小组讨论的形式，感受不同的人在面对同一问题时的不同思维方式，感受创新思维的碰撞。

单位：小组，每组 5~10 人。

道具：每人一张纸、一支笔。

1.阅读背景和任务

1）背景

在炎热的八月，你们乘坐的小型飞机在撒哈拉沙漠失事，机身严重撞毁，将会着火焚烧。飞机燃烧前，你们只有 15 分钟时间从飞机中取出物品。

2）任务

如果你们只能从 15 项物品中挑选 5 项，按物品的重要性，你们会怎样选择呢？请解释原因。

3）身边情况

（1）飞机的位置不能确定，只知道最近的城镇是附近 70 千米的煤矿小城。

（2）沙漠日间温度是 40℃，夜间温度随时骤降至 5℃。

（3）飞机上生还人数与你的小组人数相同。你们装束轻便，只穿着短袖 T 恤、牛仔裤、运动裤和运动鞋，每人都有一条手帕。

（4）全组人都希望一起共同进退。

（5）机上所有物品性能良好。

（6）不确定是否有救援队伍或者其他队伍路过。

4）物品清单

请从以下 15 项物品中，挑选最重要的 5 项。

（1）1 支闪光信号灯（内置 4 节电池）。

（2）1 把军刀。

（3）1 张该沙漠区的飞行地图。

（4）7 件大号塑料雨衣。

（5）1 个指南针。

（6）1 个小型量器箱（内有温度计、气压计、雨量计等）。

（7）1 把 45 口径手枪（已有子弹）。

（8）3 顶降落伞（有红白相间图案）。

（9）1 瓶维生素（100 粒装）。

（10）4 升饮用水。

（11）化妆镜。

（12）7 副太阳眼镜。

（13）2 箱老白干酒。

（14）7 件厚衣服。

（15）1 本《沙漠动物》百科全书。

2.独立思考阶段

时间：10 分钟。

每个成员根据材料，写下自己的想法，以供讨论时使用。

请保持安静，独立思考，避免思维被其他人影响。

请在此写下你的选项和理由：

3. 轮流发言阶段

时间：每人 2 分钟。

每位成员轮流发言，表达看法。

4. 集体决议阶段

时间：20 分钟。

小组自由讨论，讨论结束时必须完成以下任务。

（1）获得最佳方案。

（2）选出一位成员总结发言。

（3）全组帮助总结者整理思路，确保将方案以最佳的形式呈现出来。

请在此写下小组选项和理由：

项目 **3**

创新思维——形象思维

思维导图

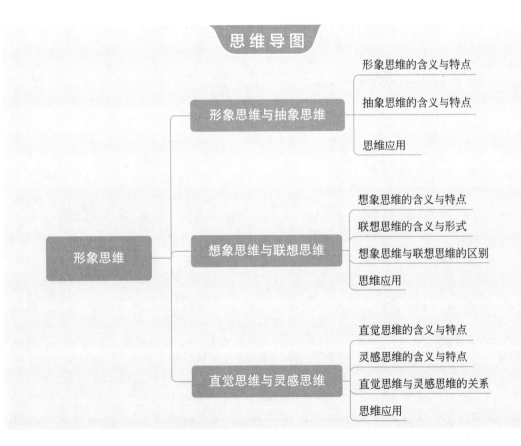

3.1 形象思维与抽象思维

 练一练，对比形象思维与抽象思维

结合图 3-1 写作，不少于 300 字。

这下面没有水，再换个地方挖！

图 3-1 挖井

3.1.1　思维讲解

什么是形象思维和抽象思维，他们有什么区别呢？如图 3-2 所示为小学作业（左）和中学作业（右），两者有什么区别呢？

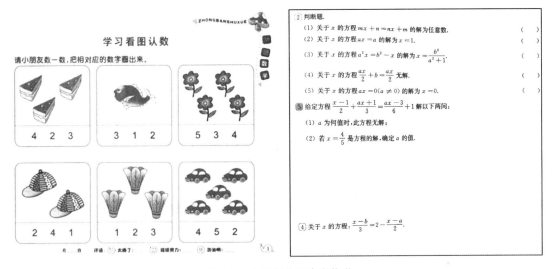

图 3-2　小学作业和中学作业

相比之下，两者的区别十分明显：小学作业主要以图形和绘画为主，显得形象、直观、生动；中学作业主要以文字、数字、符号等为主，不是非常直观，比较抽象。

人类的思维是逐步演变的，人们对世界的认识是从一个个鲜活的物体形象开始。处于幼儿园及小学阶段的孩子主要通过认实物、看图片来慢慢学习认字和简单的加减乘除，形成形象思维；到了初中阶段，人的智力会发展到一定水平，接受能力也有了提升，可以开始深度学习语文阅读、数学几何、物理、化学等，逐渐形成抽象思维。随着智力发育逐渐成熟和后天教育的逐步深入，人们的思考方式逐渐由形象思维向抽象思维过渡，并最终以抽象思维取代形象思维占据主要地位，但这不意味着形象思维不重要，也不代表形象思维是低层次的思维。

1. 形象思维和抽象思维的含义

形象思维又称右脑思维，是指以具体的形式或图像为思维内容的思维形态，是人的一种本能思维。

抽象思维又称概念思维，是指在分析事物时抽取事物的本质特性而形成概念，并运用概念进行分析、推理、判断的思维活动，抽象思维以语音和符号为主要表达工具。

抽象思维与形象思维不同，它不是以人们感觉到或想象到的事物为起点，而是以概念为起点进行思考，再由抽象概念上升到具体概念，这是思维的最本质特征，也是人的思维和动物心理的根本区别。

抽象思维与形象思维的本质区别在于思维加工时所使用的基本单元不同，抽象思维的基本单元是概念，形象思维的基本单元是感性形象。

例如，我们将苹果、柑橘、香蕉、菠萝等统称为水果，将大雁、海燕、仙鹤、天鹅等统称为飞禽，将狮子、老虎、熊、狼等统称为猛兽，这些具体的动物是形象的，而统称概念则是抽象的。

再如，利用形象思维我们可以计算：1个苹果+1个苹果=2个苹果；1个香蕉+1个香蕉=2个香蕉。相应地，利用抽象思维可以计算：1+1=2。

抽象思维凭借科学的抽象概念对事物的本质和客观世界的发展进行反映，使人们通过认识活动获得远远多于靠感觉器官直接感知的知识。没有抽象思维就没有科学理论和科学研究。完整的抽象思维过程要重点完成两方面的内容：一是准确界定概念，包括界定概念的内涵、外延和数量属性；二是准确判断这些概念之间的关系，包括概念之间的演绎关系和数量属性关系。

2. 形象思维的特点

1）形象性

形象思维反映的对象是事物的具体形象，其表达工具和手段是图形、图像等形象性的符号。形象思维的形象性使它具有生动、直观的优点。例如，国内凉茶品牌王老吉在如图 3-3 所示的广告宣传中应用灭火器、消防车等图像，生动直观地体现了产品特点，令人耳目一新，眼前一亮，记忆深刻。

图 3-3　王老吉的广告宣传

2）非逻辑性

形象思维不像抽象思维那样在信息加工过程中采用按部就班、首尾相连的线性逻辑方法，而是调用许多形象化材料，同时组合在一起形成新的形象，它可以使思维主体迅速从整体上把握问题。

3）粗略性

形象思维对问题的反映是粗线条的，是从总体上把握问题，通常用于对问题的定性分析。而抽象思维可以给出精确的数量关系，在实际的思维活动中，通常需要将抽象思维与形象思维巧妙结合，协同使用。

4）想象性

形象思维并不局限于再现已有形象，它还可以对已有形象进行加工，从而获得新形象、新产品。因此，想象性使形象思维具有创造性的优点，富有创造力的人通常都具有极强的想象力。

3. 抽象思维的特点

1）概括性

抽象思维通过总结概括客观事物的特征形成概念。概念是由感性认识跨入理性认识的主要标志，客观事物只有以概念的形式才能进入大脑，才能参与抽象思维活动。

2）逻辑性

抽象思维活动必须遵守逻辑规律，必须符合逻辑结构，推理要严密，论证要有说服力，不能存在逻辑错误。

3.1.2　思维应用

1. 习总书记的抽象思维与形象表达

习近平新时代中国特色社会主义思想是对马克思列宁主义、毛泽东思想、邓小平理论、"三个代表"重要思想、科学发展观的继承和发展，是当代中国马克思主义、二十一世纪马克思主义，是中华文化和中国精神的时代精华，是党和人民实践经验和集体智慧的结晶，是中国特色社会主义理论体系的重要组成部分，是全党全国人民为实现中华民族伟大复兴而奋斗的行动指南，必须长期坚持并不断发展。习近平新时代中国特色社会主义思想博大精深，但习总书记擅长用形象化的语言进行表达，使其通俗易懂，让普通老百姓都能听得懂、记得住，例如"绿水青山就是金山银山""江山就是人民、人民就是江山""撸起袖子加油干""加满油，把稳舵，鼓足劲"等，激励着我们每一个人奋发向上。

2. 形象化的半小时图书系列

中华文明源远流长，很多文学家、史学家写了大量的书籍来介绍我们中华民族悠久的历史与璀璨的文化，但这些书籍对于少年儿童来说难以看懂，并且难以引起他们的兴趣。在此背景下，一套以漫画形式讲解中国史的图书横空出世，风靡全国。这套书以幽默又富有创意的手绘漫画和历史故事轻松愉快地将中国历史娓娓道来，使难懂难记的中国历史变得鲜活，激发了读者的兴趣，受到了广大读者的热情追捧。

3.2 想象思维与联想思维

⚠ 练一练，对比想象思维与联想思维

1. 请从以下 3 组词中任选 1 组，编成一个故事。
   列车、草原、妈妈；沙、青春、家书；钢琴、蝴蝶、皱纹。

2. 请想象未来汽车会变成什么样子，具有哪些功能？试着画出来。

3.2.1 思维讲解

1. 想象思维的含义

想象思维是人脑通过形象化的概括作用对脑内已有的记忆表象进行加工、改造的思维活动。想象思维是形象思维的具体化，是人脑借助表象进行加工操作的主要形式，是人类进行创新及相关活动的重要思维形式。想象思维使我们大脑充满了生动的画面，为我们展现了一个丰富多彩的世界。

想象是人类的智慧，没有想象就不会有现代文明，也不会有文学艺术。人们只有通过不断想象、不断实践，才能不断创新、不断发展。爱因斯坦指出"想象力比知识更重要，因为知识是有限的，而想象力概括着世界上的一切"。黑格尔也很重视想象，他指出"最杰出的艺术本领就是想象"。

2. 想象思维的特点

1）形象性

想象思维借助形象或图像展开，以现实生活中的事物为依据。例如，我们在读古诗时可以想象出人物和场景的具体形象，在读到"大漠孤烟直，长河落日圆"这句诗时，眼前就浮现出浩瀚沙漠中孤烟直上云霄，黄河边上落日浑圆的雄浑景象。

2）新颖性

想象中出现的形象是新颖的，它不是表象的简单再现，而是在已有表象的基础上加工改造的结果。"飞流直下三千尺，疑是银河落九天"，这句诗就表达了一种既新颖又夸张的想象。

3）超越性

想象中的形象源于现实但又不同于现实，它是对现实形象的超越，正是借助这种对现实形象的超越，人们才产生了无数发明创造。"杂交水稻之父"袁隆平说，他曾经做过一个梦，梦见杂交水稻长得比高粱还高，穗子有扫帚那么长，谷粒有花生那么大，同事们坐在瀑布般的稻穗下乘凉，高兴极了。为了追寻"禾下乘凉梦"，袁老付出了毕生的心血为之奋斗。

3. 联想思维的含义

人们几乎每天都在联想，不经意间看到一样东西，就会联想到另外一样东西，看到一个人眼圈红了，便会联想到他（她）是不是大哭了一场。联想思维是根据当前感知到的事物或现象，想到与之相关的事物或现象的一种思考活动。人们常说的"由此及彼""由表及里""举一反三"等就是联想思维的体现。联想思维可以极大地扩展思维范围，开拓新的思维层次。一个人的联想思维能力越强，越能把跨度很大的不同事物联结起来，使构思格局变得开阔。

4. 联想思维的形式

1）相似联想

相似联想是指由于一种事物与另一种事物相似而引发的联想。例如，人们经常把小朋友比作花朵，因为花朵鲜艳、惹人喜爱，和小朋友有相似之处。

2）相关联想

相关联想是指由于一种事物与另一种事物之间存在相关性而引发的联想，例如看到鸟想到飞机；共享单车出现以后，又相继产生了共享充电宝。

3）对比联想

对比联想是指由于一种事物与另一种事物之间具有相反性质而引发的联想，例如看到白色想到黑色，看到火想到水。

4）因果联想

因果联想是指由于一种事物与另一种事物之间存在一定因果关系而引发的联想。例如，一提到警察，人们马上会想到小偷，因为警察抓小偷；一提到秋风，马上会想到落叶，因为秋风扫落叶。

5）相近联想

相近联想是指由于一种事物与另一种事物之间关系极为密切而引发的联想，例如看到银河想到牛郎织女，读到春蚕想起蜡烛。

5. 联想思维和想象思维的区别

联想是从某一事物想到与之有一定联系的另一事物，一般不出现具体的形象化的情景描写，仅仅是一个简单的想法。例如，超市、网站、平台会根据人们以往的购物情况和浏览情况，联想到与其相关的需求和兴趣爱好，进行精准推送，若经常在网上买啤酒，商家就会推荐花生米等零食；若买了尿不湿，就会推荐奶粉等婴儿用品；若经常浏览体育新闻，就会推荐相关体育用品。

想象是构思出不在眼前的具体形象或情景，内容相对丰富，一般有具体的形象化的情景描写。这些形象化的情景是眼前看不到却又合情合理的，它能突破时间和空间的限制，达到"思接千载，视通万里"的效果。

3.2.2 思维应用

1. 望梅止渴

东汉末年，曹操率领部队去讨伐盘踞在宛城的张绣。到了中午，烈日当空，天气十分炎热。将士们携带着沉重的武器，又热又渴，非常难受。曹操灵机一动，用手往前方一指，大声对手下的将士说："这个地方我熟悉，翻过前边的山坡，就会有一大片茂盛的杨梅林。"将士们一听说有梅林，就自然而然地想象起梅子的酸汁和他们在梅林里大吃杨梅的画面，从而流出口水，顿时觉得没那么渴了。曹操立即指挥队伍行进，经过一段时间，终于带领队伍成功找到了水源，大家痛痛快快地喝了水，精神焕发地继续行军。

2. 微波热效应的发现

1945 年的某一天，美国工程师斯彭塞在做雷达实验时偶然发现口袋里的巧克力块融化发黏，起初他怀疑是自己的体温引起的，后来在连续多次的试验中发现了微波的热效应。利用这种热效应，美国发布了利用微波的第 1 个专利，后由美国的雷声公司研制成了世界上第 1 台微波炉。

3.3　直觉思维与灵感思维

练一练，对比直觉思维与灵感思维

1. 看图 3-4，第一眼看上去你觉得图中的动物是什么呢？

图 3-4　动物

2. 你还记得和恋人第一次见面的情景吗？你的直觉告诉你,他(她)是一个什么样的人呢？经过后来的相处，你觉得你的直觉准确吗？

3.3.1 思维讲解

1. 直觉思维的含义

直觉是直接的察觉，是人先天便具有的能力，也就是人们常说的"第六感"。直觉是一种不经过分析、推理的过程而直接凭感官快速进行判断的认知能力。直觉思维是指人们在已有知识和经验的基础上，凭感觉直接把握事物的本质和规律，迅速解决问题或对问题做出猜想和判断的思维活动。

直觉是人们在生活中经常应用的一种思维方式。小孩亲近或疏远一个人依据的是直觉；男女"一见钟情"依据的是各自的直觉；军事将领在紧急情况下，下达命令首先凭直觉；足球运动员的临门一脚更是毫无思考余地，只能凭直觉。

2. 直觉思维的特点

直觉思维是不经过分析而对问题产生的直接判断，主要有以下特点。

（1）直接性。直觉思维从起点直接到达终点，直接触及问题的要害，直接领悟事物的本质或规律。

（2）敏感性。直觉思维是瞬间的感觉，这种感觉有很强的敏感性。

（3）非逻辑性。直觉思维不按照逻辑规律按部就班地进行，直觉思维没有明确的思考步骤，主要依靠想象、猜测和洞察力等非逻辑因素直接把握事物的本质或规律。

（4）不确定性。由直觉思维得出的结论通常只是一种建立在经验基础上的猜测，其正确性有待进一步检验和证明。

（5）整体性。直觉思维并不着眼于细节的逻辑分析，而是从整体上识别出事物的本质和规律。

3. 灵感思维的含义

灵感是人脑的机能，是对客观现实的反映。灵感不是神秘莫测的特殊能力，也不是心血来潮的无边幻想，而是人在思维过程中带有突发性的思维形式，它是由于艰苦探索、长期实践，不断积累经验知识而突然产生的富有创造性的思路，是必然性和偶然性的统一。灵感与创新密切相关。

灵感思维也称为顿悟，是指人们经过长期的冥思苦想之后，借助直觉启示，突然产生新设想、新方法，进而突然解决问题的思维活动。

诗人、文学家、设计师的"神来之笔"，军事指挥家的"出奇制胜"，科学家、发明家的"茅塞顿开"等，都借助了灵感的作用。灵感是经过长时间的思索，问题没有得到解决，但是突然受到某一事物的启发，问题却一下子解决的思维方法，它来源于信息的诱导、经验的积累、联想的升华、事业心的催化。

4. 灵感思维的特点

灵感思维是在无意识的情况下产生的一种突发性的创造性思维活动，主要有以下特点。

（1）突发性、偶然性。灵感往往是在出其不意的刹那间出现，常给人以"有心栽花花不开，无心插柳柳成荫"之感。

（2）新颖性。在效果上，灵感思维通常会产生意想不到新思路、新办法。

（3）易逝性、模糊性。灵感的产生往往稍纵即逝，且它所产生的新线索、新结果、新结论常使人感到模糊不清。要精确形成新思路，还必须运用形象思维和抽象思维进行辅助。

灵感的捕获需要经过长期的思考，需要有兴趣和知识的准备，需要有乐观的情绪，需要摆脱惯性思维的束缚。奥地利著名作曲家约翰·施特劳斯，就是一位记录灵感的高手，有一次他在休息时突然灵光乍现，但当时他没有带纸，就急中生智地脱下衬衣，挥笔在衣服上谱成一曲，这就是后来举世闻名的《蓝色多瑙河》。

5. 直觉思维与灵感思维的关系

灵感思维与直觉思维密不可分，相同之处在于：灵感是一种神秘的意识心态，直觉是思维的直接活动，都是建立在长期的知识积累和生活经验的基础上。区别之处在于：灵感多是对事物的理性认识，直觉多是感性认识。灵感的出现表现为突然，直觉的出现表现为快速。灵感发生在久思不得其解之后，直觉往往发生在第一次相遇之时。

3.3.2 思维应用

1. 大陆漂移假说

一天，德国气象学家阿尔弗雷德·魏格纳因病躺在床上。当他看着墙上那张已看过千百遍的世界地图时，突然产生了一个新奇的想法：为什么地图上南美洲巴西东端的突出部分与非洲西岸凹陷进去的部分形状如此相似？为什么北美洲东海岸的凹形地带与欧洲西海岸到非洲西海岸的凸形大陆竟会如此吻合？难道这几块大陆原来曾连在一起，后来才分离吗？

魏格纳激动地将地图上所有的陆块都进行了比较研究，结果发现它们的海岸线都能较好吻合在一起。后来，他进一步从地质构造和古气候、古生物学方面对不同大陆之间的地层、岩石、古生物分布进行论证，发现它们有许多相似之处。这说明几块大陆曾连在一起，后来才逐渐分开。因此，魏格纳大胆地提出了轰动世界的著名学说——大陆漂移假说。他认为：在太古时代，地球上所有的陆地都是连在一起的，后来由于受到自东向西的潮汐摩擦力和从两极向赤道方向的离心力，导致大陆分裂并产生漂移。

2. 浮力的原理

公元前 245 年，赫农王命令阿基米德鉴定一个皇冠是不是纯金的，但是不允许破坏皇冠。阿基米德苦思冥想了很久，也没有想出办法。有一天洗澡时，阿基米德突然注意到，当他的身体在装满水的浴盆里沉下去时，就有一部分水从浴盆边溢出来。于是他忽然想到：相同重量的物体，由于体积的不同，排出的水量也不同。阿基米德将与皇冠一样重的金子、银子以及皇冠分别放入水中，发现金块排出的水量比银块排出的水量少，而皇冠排出的水量比金块排出的水量多，断定皇冠掺了假。此后，阿基米德继续深入研究，发现了重要的浮力原理。

3.4 创新训练：落叶成画

创新训练说明

在接下来的创新训练环节，请同学们以团队形式领取悬赏令，按要求完成工作任务并获得创意币。具体流程如下。

1. 组建创新小分队，选出队长

在组建团队时，注意选择思维不同的同学组队，组内男生和女生数量均衡，这样有助于不同思维彼此碰撞。组好团队后，选择一名同学担任队长。

2. 领取悬赏令

以团队为单位，依据创新训练的具体内容领取悬赏令。如果有多个悬赏令，同学们可以根据自己的兴趣、擅长领域、创意币金额，筛选最合适的悬赏令。

创新训练中的一部分悬赏令来自猪八戒网外包任务大厅，在这个平台上，企业可以发布任务，如制作产品推广的短视频等，并标注招标金额。专业团队可以在平台领取并完成任务，如果作品被企业选中，就能获得企业所标明的金额作为酬劳。

还有一部分悬赏令来自企业实际需求，也注明了相应的悬赏金额。

3. 制作创意作品

同学们以团队为单位，运用所学创新思维与创新方法，按照悬赏令上的要求，制作出创意作品。

4. 分享创意作品，获得创意币

以团队为单位向全班展示创意作品，并进行解说。

教师根据悬赏令的要求、任务的完成情况填写酬劳金额。

5. 评出创新之王

在课程学校结束时，由教师统计各团队所获得的创意币金额，哪一队获得的创意币最多，哪一队就是"创新之王"。

1. 领取悬赏任务

我们获得了一个悬赏任务"落叶成画"，要求用落叶拼成一幅图画，完成任务就可以获得相应的创意币。

2. 提前收集素材

请同学们提前在课余时间，初步构想出落叶成画的主题，并收集好喜欢的落叶。

落叶成画主题是：_____

收集的落叶及数量是：_____

悬　赏　令

悬赏金额：1500 元创意币。

需求描述：

（1）道具包括落叶、大张海报纸、彩笔、双面胶。

（2）请收集一些落叶，以"我爱我的祖国"为主题，用落叶拼成一幅画，并说明这幅画表现了什么意境。可以参考作品示例获得启发。

发布者：大熊猫

3. 制作创意作品

将创意作品设计图绘制出来，并完成画作。

请描述作品的意境。

_____

_____

_____

_____

_____

_____

_____

_____

4. 提交任务，获得悬赏奖励

提交任务，向全班展示自己的画作，并由教师根据悬赏任务的要求、任务的完成情况，填写酬劳金额。例如，悬赏金 1000 元创意币的任务，学生作品满足要求的 80%，填写 800 元创意币。

奖　　状

恭喜您在本次实训任务中，完成悬赏任务的 _____ %。
获得酬劳

_____ 创意币

特发此证，以资鼓励。

年　　月　　日

---

5. 创意作品示例

"落叶成画"创意作品示例如图 3-5 所示。

图 3-5　创意作品示例

项目

头脑风暴法

学习目标

1 掌握使用头脑风暴法的步骤和技巧。
2 运用头脑风暴法完成餐饮选品任务。
3 运用头脑风暴法探讨怎样度过无悔的青春，推进心理健康教育。
4 运用头脑风暴法为商场策划促销活动。
5 观看传统节日策划示例，传承中国优秀传统文化。

思维导图

头脑风暴法
- 技能准备
  - 头脑风暴法的含义
  - 头脑风暴法步骤
    - 准备阶段
    - 热身阶段
    - 明确问题
    - 自由畅谈
    - 加工整理
- 思维小游戏
  - 游戏1：在学校旁边开餐饮店，该卖什么
  - 游戏2：怎样度过无悔的青春
- 创新训练
  - 实训：为商场策划促销活动
    - 策划节假日营销活动
    - 选择某个节假日做具体的活动策划
    - 提交任务，展示作品

4.1 创新方法：头脑风暴法

俗话说："三个臭皮匠，赛过诸葛亮。"一个人的思路总是容易被自己的思维模式限制，独自想来想去却总跳不出某个条框。但不同的人思维模式不同，如果都说出自己的想法，思维就能彼此碰撞，便能产生不受原有思维模式限制的创新思维。

头脑风暴法主要由团队成员在和谐融洽、不受任何限制的气氛中以会议形式进行讨论或座谈，开展无限制的自由联想和讨论，其目的在于通过打破常规、积极思考、畅所欲言、充分发表各自的看法产生新观念或激发创新设想。在明确讨论主题的前提下，当参与者有了新观点和想法时，便可以自由说出来，所有的观点都会被记录下，但不进行批评，只有头脑风暴结束的时候，才对这些观点和想法进行评估。

头脑风暴法的使用方法与技巧如下。

4.1.1 准备阶段

1. 挑选参与人员

主持人可以提前选出参与人员，一般不超过 10 人，参与人员最好对主题有一定了解，相互之间应具有一定差异性，便于不同思维发生碰撞。此外，还要挑选一个写字比较快、记笔记比较有逻辑的人作为书记员。

2. 安排讨论时间

主持人应当提前安排好讨论时间，时间太短讨论容易不充分，时间太长参与者容易疲劳。一般而言，运用头脑风暴法的讨论时间不超过 1 小时。

3. 提前通知信息

主持人应当将头脑风暴的主题、背景信息提前告知参与人员，让大家先收集信息，列出自己的想法，做好准备。如果参与人员对讨论主题有不明白的地方，应鼓励对方提问并予以解答。

4.1.2 热身阶段

在讨论正式开始前，如果参与者彼此之间比较陌生，或者大家处于疲劳状态，主持人可以设计一些热身小游戏，一方面激活思维，另一方面营造宽松、自由、活跃的氛围。

4.1.3 明确问题

1. 明确讨论主题

主持人向参与者说明本次头脑风暴要解决的具体问题，如果主题太宽泛，大家容易答非所问。因此，应当提炼出 3 个及以上的关键点，用于明确讨论主题。

2. 明确讨论规则

主持人应当向参与者说明在自由畅谈环节需要遵守以下规则。

（1）自由思考，自由畅想。每个参与者都可以自由发言，所阐述的想法可以天马行空、不切实际，因为即使这个想法无法真正实施，也可能会引发其他人更好的创意，彼此激发最终产生能实施的方案。参与者在发言时不必过于谦虚或羞涩，要大胆说出心里的想法。

（2）延迟评判，禁止批评。即使有参与者觉得他人的想法存在不足之处，在头脑风暴时也不能批评他人，要营造鼓励每个人大胆说出创意的氛围。可以把批评与点评环节留到讨论后，在做最终决策时再和大家商量。

（3）公开发言，不私下讨论。每个参与者发言时，应当面对所有人，而不是私下和某个人商量，这样才能形成整个团队的思维风暴。

（4）以量求质，多多益善。头脑风暴的目的是大范围拓宽思路，找到各种点子，可以先求量、再求质，创意越多越好，多多益善。

（5）结合改善，相互启发。参与者可以参考他人的想法，结合他人的想法进行改善，提出更好的创意，这样，大家就能彼此借鉴、相互启发，获得更多创意。

4.1.4　自由畅谈

在自由畅谈过程中，参与者积极说出自己的想法，书记员负责记录。此时主持人有以下 3 项工作。

1. 把控方向，防止讨论偏题

在讨论内容与主题偏差过大时，进行适当提醒。

2. 营造并保持轻松愉快自由的氛围，鼓励大家提出创意

在讨论初期，有的成员过于腼腆，主持人可以邀请对方发言，并赞美对方的创意。此外，应防止出现违反规则的情况，例如批评他人的创意。

3. 控制进度

在时间过去很久，而大家只针对主题某一方面进行讨论时，给予提示。若大家说话的速度如果远远快于书记员记录速度，可以提醒他记录关键词即可。

4.1.5　加工整理

在讨论时间即将结束，已经获得足够创意后，团队可以进入加工整理环节，客观评价每个创意的优势和劣势，并选出合适的创意。

4.2　思维小游戏：在学校旁边开餐饮店，该卖什么

学习了头脑风暴的使用方法与技巧后，请每个组派 1~2 名代表，组成 8 人示范组，

使用头脑风暴法玩一个热身游戏。

  主题：我想在我们学校旁边开餐饮店，该卖什么？

  要求：获得至少 20 个创意点子，并由 1 名书记员在表 4-1 中进行记录。

  观察：示范组遵守了哪些头脑风暴规则？有哪些地方值得赞赏？有哪些地方需要改进？

表 4-1 餐饮店产品计划

操作技巧

1. 技巧

（1）选择手速快、笔记工整、语言组织能力强的成员做书记员，并由他整理全组信息，向全班发言。

（2）做笔记时，可以记关键词语，而不是全句，以缩短记录时间。

（3）选组织能力强的人做组长。

2. 观察点

请观察示范组是否存在以下问题。

（1）有人负面评价他人想法。

（2）书记员记录时，遗漏了某个人的创意。

（3）有人偏题，而主持人没有提醒转回方向。

（4）有人全程没有发言，而主持人没有发动他发言。

（5）有人私下交谈，而不是对全组发言。

（6）思维局限于本地餐饮，没有考虑到全国各大菜系，全球各种美食，甚至虚拟（如小说、漫画、电视剧里）的美食。

在后续分组实训中，同学们可以吸取示范组的经验技巧。

4.3 思维小游戏：怎样度过无悔的青春

单位：小组。

工具：每组白板 1 块，白板笔 1 支，白板擦 1 个，黑色马克笔每人 1 支，彩色多形状便笺纸若干。

注意：马克笔用于在便签纸上书写，请勿直接在白板上书写。

游戏内容：不发声的头脑风暴又叫作智慧墙，更适合含蓄的东方文化。请以"怎样度过无悔的青春"为主题，将自己的点子写在彩色便签纸上，用固体胶棒贴在白板上，制作智慧墙。

可以参考如图 4-1 所示的学生作品示例"青春之心"，启发创意。

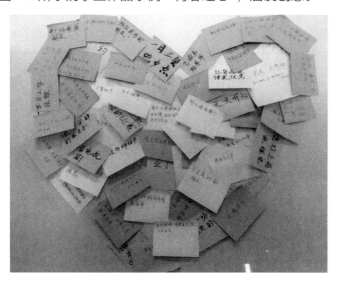

图 4-1 青春之心

 4.4 创新训练：为商场策划促销活动

 领取悬赏任务

我们从财富广场营销策划部获得了悬赏任务，完成任务就可以获得相应的创意币。

悬　赏　令

悬赏金额：1200 元创意币。

需求描述：

（1）财富广场有餐饮、服装、珠宝、化妆品、母婴、电影院、超市、儿童游乐园等商户入驻。财富广场要做整体策划，可以邀请商户参与，共同吸引顾客。

（2）用新奇、有趣、成本低的营销活动烘托节日氛围，吸引顾客消费。

（3）任务一：为财富广场制作节假日营销活动策划。

（4）任务二：挑选其中一个节假日，做具体的策划方案。

发布者：财富广场营销策划部

4.4.2 策划节假日营销活动

请在小组中挑选合适的主持人和书记员，共同运用所学的头脑风暴法，策划财富广场2022年节假日的营销活动，填入表4-2中。注意，每个节假日至少有一个营销活动，也可以有多个营销活动。可以参考表4-3中的学生作品示例，启发创新思维。

案 例　　　　**春节营销活动策划头脑风暴**

小瑞：人们都喜欢新年买新衣、做头发。我们可以组织一个"我的时装我做主"大赛，顾客可以在商场全场任何服装店买衣服做搭配，还可以在我们的美发店、美妆店选择发型和妆容，然后拍照，并在文字信息上注明新年愿望、选择的时装、发型、美妆的店铺。顾客将照片发给我们后，进行现场投票，还可以在我们公众号上发起投票，排名靠前的获得优惠券等礼品。

小羽：对哦，大家都会给自己买新衣，而且有时也会给亲人买新衣。儿女为表达孝顺，会给父母买衣服，所以我们可以针对老年人服装，组织"买一送一"的促销活动。我们也可以做一些童装活动，可以用打扮宝宝的方式组织一个大赛。

小勇：我想到的是吃的。我们可以搞一个"年年有鱼跳龙门"的活动，做一个龙门的门框，然后顾客在里面比赛立定跳远，地上标着满减优惠券，顾客跳得越远所得到的优惠力度越大，顾客跳过哪根线，就能获得相应的优惠券。

小臻：我们可以结合过年的氛围推出特色套餐，比如烤鱼店可以推出"年年有鱼"，烧鸡公店可以推出"大吉大利"套餐，北京烤鸭店可以推出"新年快乐鸭！"套餐，等等。

主持人："新年快乐鸭！"这个很萌啊。不错不错。

主持人：好，我们继续，还有人有新的想法吗？

小瑞：有的顾客担心化妆品不适合自己，我们可以引进立体模拟器，就是VR，让顾客可以投影试用各种化妆品、饰品，辅助客人DIY，让顾客知道产品是否适合自己。

主持人：嗯，VR最近很火，是个很好的宣传噱头。

小臻：我们可以在儿童游乐园里做一个亲子游戏活动，叫"沙漠淘宝"，顾客消费满一定金额，就可以获得入场券，然后我们限定一个时间，由家长引导小朋友去游乐场的沙地里挖宝，宝物就是我们提前放进去的礼包。每人可以带走一件宝物。

主持人：这个很能吸引有孩子的家庭。

小岚：我也觉得亲情主题挺好的，大家过年会聚在一起吃饭逛街，要不我们放两个动感单车在商场入口，家人组队，如果在规定时间内骑动感单车点亮爱心，就可得全场满减优惠券，这个爱心要足够大，吸引目光，这样既可以给顾客留下美好的回忆，又可以促进销售，还有助于健康。

小羽：我觉得可以组织一个"亲子时光记录DIY"，将过去的一年里，一家人认为最好的时光，手绘在衣服上，最好用图案加文字的形式绘制。店家则保存他们绘制衣服时的照片或录像，顾客可在一年后来取走当时的照片或录像。

　　主持人：挺温情的。

　　小勇：我们可以像支付宝"集五福"一样，顾客在广场各大门店消费，满一定额度就可以盖"福章"，集齐 5 个"福"就可以兑换礼品，礼品可以有年货礼包、过年挂饰、购物优惠券等。

表 4-2　财富广场全年节假日营销活动策划

主持人：＿＿＿＿＿＿＿

书记员：＿＿＿＿＿＿＿

月份	节假日	活动主题	活动内容
1 月	元旦		
	春节		
2 月	元宵节		
3 月	妇女节		
	三·一五		
4 月	清明节		
5 月	劳动节		
6 月	儿童节		
	端午节		
	高考		
8 月	建军节		
	七夕节		
9 月	教师节		
	中秋节		
10 月	国庆节		
	重阳节		
11 月	双十一		

表 4-3　财富广场全年节假日营销活动策划示例

主持人：<u>张小红</u>

书记员：<u>李小明</u>

月份	节假日	活动主题	活动内容
1月	元旦	元旦同欢喜，好礼送不停	家人聚餐可抽红包、享优惠
	春节	（1）年年有鱼跳龙门 （2）新年集五福 （3）沙漠淘宝亲子游戏	（1）顾客以"新年龙门"作为起点，做立定跳远，跳到哪条线，就能拿上面写的优惠券 （2）顾客到各商户消费，可获得福章印，集齐五福可加群抢红包 （3）儿童游乐园玩具沙中藏有礼包，顾客消费满一定额度，可亲子组队进沙中挖宝
2月	元宵节	国风灯会，汉服享购	穿汉服逛灯会、猜灯谜，可以领取折扣券
3月	妇女节	三月女人天，靓丽妇女节	向广大顾客收集家庭好"煮"意，凡参加活动的顾客均可领取小礼品一份
	三·一五	选出您最喜爱的商铺	投票选择最喜爱的商铺，获得该商铺的优惠券
4月	清明节	草长莺飞四月天，欢腾购物送纸鸢	购物满100元，送小纸鸢
5月	劳动节	亲子家务劳动竞赛	父母和孩子一起参加叠被子、拖地、铺床等比赛，谁做得又快又好则获胜
6月	儿童节	童年梦想，放飞六一	消费166元以上，凭购物小票，可获得当地儿童乐园折扣券一张
	端午节	中华一条龙	购物满188元，凭小票可以去"中华一条龙"的粽子摆盘处打卡拍照，取粽子。
	高考	金榜题名	在海报上写祝福，购物满366元，获赠滋补礼品
8月	建军节	军民鱼水一家人，购物显真情	凭军人证，可享折上折
	七夕	浪漫七夕，爱在金秋	情侣服饰搭配
9月	教师节	师恩难忘	购物者可领取明信片寄给恩师
	中秋节	阖家团圆大合照	设置中秋打卡拍照点，组织全家福拍照投票大赛
10月	国庆节	普天同庆，华服献礼	服装打折
	重阳节	九九重阳节，浓浓敬老情	活动当天前99位年满55岁及以上的老年顾客可凭身份证及购物小票领取麦片一份
11月	双十一	直播带货	在直播界面发放优惠券，可在实体店使用

4.4.3　选择某个节假日做具体的活动策划

请用所学的头脑风暴法，挑选表 4-3 中的一个节假日营销活动策划，为其制订具体的活动方案。

_____节假日营销活动策划书

1. 活动主题

本次活动的主题是_____，寓意是_____。

2. 活动目的

本次活动的目的是：

（1）_____

（2）_____

（3）_____

3. 现场氛围布置

为了烘托节日氛围，吸引顾客前来消费，在商场外围，我们会做以下布置：

（1）_____

（2）_____

（3）_____

顾客进入商场后，在商场门口，会看到我们做的以下陈设与美化：

（1）_____

（2）_____

（3）_____

4. 活动内容

本次活动由以下几个活动构成。

活动一

活动现场布置：_____

顾客参与方法：_____

奖励：_____

现场人员分工：_____

活动二

活动现场布置：_____

顾客参与方法：_____

奖励：_____

现场人员分工：_____

活动三

活动现场布置：_____

顾客参与方法：_____

奖励：_____

现场人员分工：_____

5. 活动宣传与推广

为了吸引更多顾客，在活动开始前我们会用以下方式进行宣传与推广。

线上推广方法：_____

线下推广方法：_____

6. 预算

本次活动的预算如表 4-4 所示。

表 4-4　活动预算

预 算 项 目	金额 / 元
广告推广	
现场布置	
奖品	

4.4.4 提交任务，获得悬赏奖励

请提交任务，将小组设计的全年节假日营销活动策划表、某节假日策划书拍照上传，并向全班展示，由教师根据悬赏任务的要求、任务的完成度，填写酬劳金额。例如，悬赏金 1200 元创意币的任务，学生作品满足要求的 50%，填写 600 元创意币。

奖　　　　状

恭喜您在本次实训任务中，完成悬赏任务的 _____%。

获得酬劳

_____ 创意币

特发此证，以资鼓励。

年　　　月　　　日

项目 **5**

思维导图法

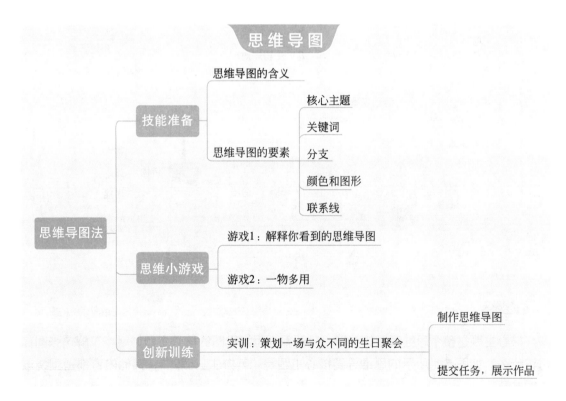

5.1 创新方法：思维导图法

思维导图由东尼·博赞发明，是一种表达发散性思维的实用性思维工具，能把无形的思维按照一定脉络呈现出来，表现出主题与各层级之间的关系。思维导图一般由核心主题、关键词、分支、颜色和图形、联系线 5 个基本要素构成，如图 5-1 所示。

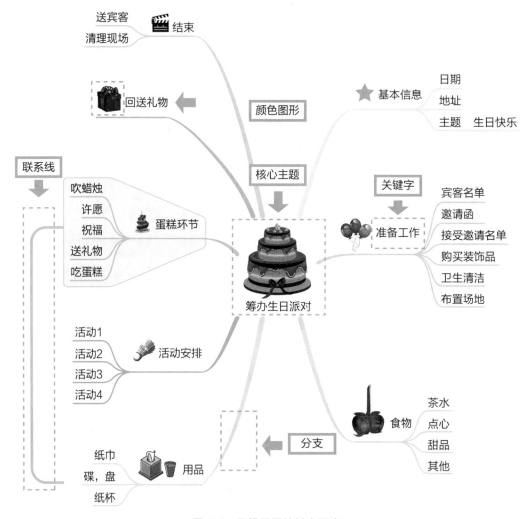

图 5-1　思维导图的基本要素

5.1.1 核心主题

核心主题是整个思维导图的关键，只要看到思维导图的核心主题，就能了解这张图在讨论什么。如图 5-1 所示的思维导图核心主题是"筹办生日派对"，其他内容都是围绕该主题展开。

5.1.2 　关键词

由核心主题发散出去可得到关键词，关键词应尽量简洁，一般用词语来表达，如图 5-1 中的"基本信息""准备工作""食物""用品""活动安排""蛋糕环节""送礼物""结束"等都是关键词，又如"基本信息"下的"日期""地址""主题"等也是关键词。

5.1.3 　分支

分支将主题与关键词连接起来，表示层级之间的隶属关系。通过分支可以看出图 5-1 中第一层关键词之间是平级关系，如"基本信息""准备工作""食物""用品""活动安排""蛋糕环节""送礼物""结束"是第一层关键词，它们是并列、平级的逻辑关系；第一层关键词和第二层关键词之间是包含关系或隶属关系，如"基本信息"包括"日期""地址""主题"，第二层关键词是对第一层关键词的进一步展开和具体化。

5.1.4 　颜色和图形

思维导图中的颜色和图形不仅有助于激发灵感，而且有助于利用右脑思维，如图 5-1 中用礼物的图片放在关键词"送礼物"旁边，更加生动形象。

5.1.5 　联系线

联系线是指平级关系之间的联系，例如图 5-1 中纸巾、碟、盘、纸杯是为蛋糕环节准备的，他们都是第二级关键词，并不隶属于同一个关键词，但可以用联系线联系起来，表示相互之间的关系。联系线不能过多，以免画面过于杂乱。联系线也不是思维导图的必需要素，并不是所有思维导图都要使用联系线。

整体来说，由一个核心主题想到的关键词越多，表示思维越广泛；分支的长度越长，表示思维越深入；由于思维导图呈放射状，更容易激发灵感。

思维导图运用了 3 种联想法：所有关键词都围绕核心主题展开，按照一定逻辑思考排列，运用了科学联想法；想到什么就记下来，运用了自由联想法；将两种不相关的事物或名词联系起来进行联想，运用了强制联想法。

思维导图可以采用手绘，使制作过程更加灵活、简便，更能激发创意，也可以用软件绘制，使画面更加清晰，且方便修改，便于传输，可以加入超链接。

5.2 　思维小游戏：解释你看到的思维导图

结合已学知识，解释图 5-2 中的思维导图呈现了什么信息，表达了怎样的逻辑关系。

图 5-2　思维导图示例

5.3 思维小游戏：一物多用

5.3.1 关于石头的联想

看到如图 5-3 所示的一块石头，你想到了什么？请用思维导图画出来。

图 5-3　石头

5.3.2　石头有哪些用途

请说出石头的用途，越多越好，并用思维导图画出来。

5.4　创新训练：策划一场与众不同的生日聚会

5.4.1　领取悬赏任务

我们从宴会策划公司获得了一个悬赏任务，策划一场有创意的生日聚会，并撰写初步的策划书，完成任务就可以获得相应的创意币。我们一起来完成这个任务吧。

悬　赏　令

悬赏金额：1500 元创意币。

需求描述：

（1）针对一名 19 岁的女生，她马上就到 20 岁，想要办一场生日聚会。

（2）她不喜欢千篇一律的生日庆祝方式，希望自己的生日聚会与众不同，为朋友们留下深刻而美好的印象。

发布者：19 岁的女生

5.4.2　制作思维导图

绘制思维导图可以使用不同的计算机软件或手机应用，本部分以百度脑图为例，展示如何设计一场有创意的生日聚会。百度脑图是一个免费的在线思维导图平台，用户注册或登录后便可进行绘制，绘制的思维导图会自动保存在线上账户里，可随时登录网页进行编辑、查看，百度脑图首页如图 5-4 所示。

图 5-4　百度脑图首页

1. 编辑中心主题和一级关键词

在百度脑图界面，选择新建脑图。首先，编辑中心主题，填入核心主题"终生难忘的生日聚会"，再编辑一级关键词。例如，可设计出几个不同风格的生日聚会供这名女生选择，包括"古装仙侠主题""王子公主主题""户外草坪主题""未来科技主题"。将关键词和图片插入导图中，如图 5-5 所示。

图 5-5　中心主题和一级关键词

2. 编辑古装仙侠主题生日聚会的二级关键词

编辑好一级关键词后，再编辑二级关键词，想出每个主题生日聚会的具体创意。例如，在古装仙侠主题下，可以想到租借武侠风格的酒楼或者旅游景点，让各位宾客穿汉服参加聚会，汉服可以向租借馆集体租借。在生日宴上，可以用桃花醉做生日酒，用白浅最爱的青丘枇杷做饭后水果。宾客可以一起跳古装舞蹈，也可以选择喜欢的古装剧本玩剧本杀。古装仙侠主题生日聚会的具体内容如图 5-6 所示。这些道具中，桃花醉在网络上有销售，桃花树可以租用现有的人造树进行布景。

3. 编辑王子公主主题生日聚会的二级关键词

在王子公主主题的生日聚会中，可以选择城堡或者城堡风格的民宿作为场地。宾客身穿公主裙、礼服到场，到场后可以亲手绘制一幅画送给寿星，也可以每人画一个图案，所有的人共同绘制出一整幅画作为场地背景。生日聚会设置游戏环节，让大家限时寻找藏在城堡各处的宝物，幸运者便可获得生日聚会纪念品。生日聚会还可以采用烛光晚餐的方式，摆放精致的糕点供宾客享用，生日蛋糕也可以做成城堡的样子。王子公主主题生日聚会的具体内容如图 5-7 所示。

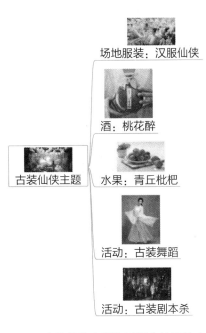

图 5-6   古装仙侠主题生日聚会的具体内容

图 5-7   王子公主主题生日聚会的具体内容

4. 编辑户外草坪主题生日聚会的二级关键词

在户外草坪生日聚会中，可以选择海滨、森林、溪边等风景优美的地方作为聚会场地，聚会服装可以选择森林风格的衣服，需要提醒宾客注意防蚊、防晒等。生日聚会的活动可以选择露营、钓鱼、户外烧烤。可以制作一个由牛皮纸卡片和花木做成的留言墙装扮聚会场地，让每一位来宾都留下生日祝福。户外草坪主题生日聚会的具体内容如图 5-8 所示。

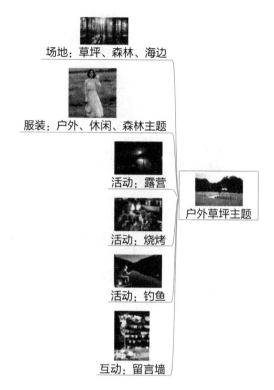

图 5-8　户外草坪主题生日聚会的具体内容

5. 编辑未来科技主题的生日聚会二级关键词

在未来科技主题的生日聚会中，宾客可以穿机器人风格、高科技风格、未来风格的服装，可以参加现场拼装机器人的活动，也可以一起跳镜面机械舞，一起玩 VR 体感游戏。未来科技主题生日聚会的具体内容如图 5-9 所示。

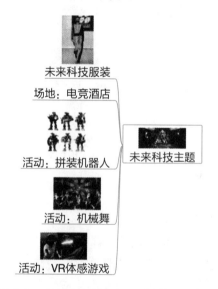

图 5-9　未来科技主题生日聚会的具体内容

除了百度脑图，同学们可以使用手机应用绘制思维导图，如思维导图、MindMaster 等，如图 5-10 所示。

图 5-10　思维导图和 MindMaster

5.4.3　提交任务，获得悬赏奖励

提交任务，向全班展示制作的思维导图，并由教师根据悬赏任务的要求、任务的完成情况，填写酬劳金额。例如，悬赏金 1500 元创意币的任务，学生作品满足要求的 80%，填写 1200 元创意币。

> ## 奖　　　　状
>
> 恭喜您在本次实训任务中，完成悬赏任务的 _____%。
> 获得酬劳
>
> _____ 创意币
>
> 特发此证，以资鼓励。
>
> 　　　　　　　　　　　　　　　　　　　　　　年　　月　　日

5.4.4 创意作品示例

如图 5-11 所示为创意作品示例。可以通过百度脑图的放大镜功能打开思维导图中的具体图片进行原画展示,图文并茂,通俗易懂。

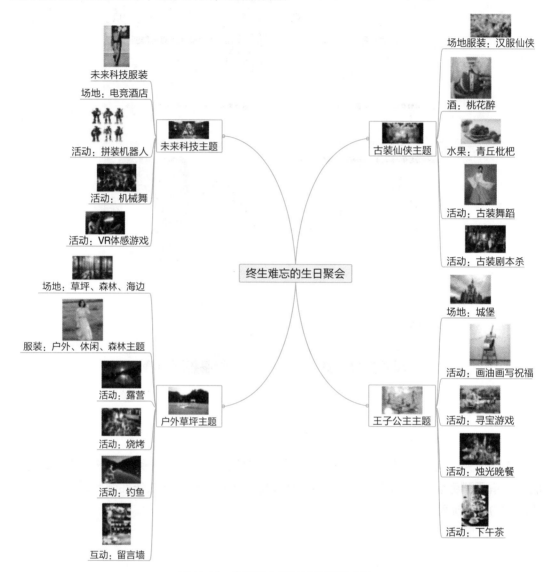

图 5-11　生日聚会设计思维导图成品

项目 **6**

白三角形法

① 理解白三角形法的使用情境和步骤。

② 运用白三角形法完成设计公司宣传语的任务。

③ 学习故宫宣传示例，感受优秀传统文化的魅力。

④ 运用把三角形法创新家乡特产宣传方式，传承家乡优秀文化，增强文化自信。

思维导图

```
                    白三角形法的含义
          技能准备                        用三个三角形列出与产品或服务相关的元素
                    白三角形法步骤        用另一个三角形列出与目标顾客相关的元素
                                          组合设计解决或营销方案
白三角形法
          思维小游戏    游戏：老特产，新包装，新推广
                                          填写左右两边的白三角形
          创新训练    实训：设计公司宣传语  左右三角形碰撞，产生创意，填写进方框
                                          筛选创意，写出宣传语
                                          提交任务，展示作品
```

6.1 创新方法：白三角形法

随着市场经济的发展，可供消费者选择的产品和服务越来越多，但有一些具有价值、经典的产品因为没有做宣传而不为人知。此外，人们总以为年轻人不喜欢古老的东西，其实不然，传统产品或元素只是需要结合年轻人的喜好进行创新，开展有创意的推广，便可以吸引众多年轻消费者。白三角形法能够将产品特性和消费者喜好结合起来进行创新包装与宣传，刚好适合这样的需要。

白三角形法是用一个三角形分析出与产品相关的元素，再用一个三角形分析出目标顾客相关的元素，两者相互结合、碰撞，产生宣传推广创意。白三角形法使用步骤如下。

1. 用一个三角形列出与产品或服务相关的元素

在列出产品或服务相关元素时，应尽可能多地罗列出来。如果感到难以挖掘产品或服务卖点，可以尝试使用 FABE 销售法，即从产品的特征（Features）、产品相对于其他产品的优势（Advantages）、产品能给顾客带来的利益（Benefits）、有哪些证据（Evidence）四个角度出发，充分挖掘没有考虑到的元素。

2. 用另一个三角形列出与目标顾客相关的元素

与目标顾客相关的元素是指目标顾客的特点、在生活工作中的各种需求和痛点。其中，痛点是指顾客非常希望实现的愿望或者非常希望解决的问题。

在这个环节有一个技巧，即尽量将目标顾客定位精准。应明确产品主要卖给哪类顾客，目标顾客的年龄是多少，性别是男还是女，以及受教育程度、人生经历、婚姻状况、生育状况、生活习惯、工作情况、收入水平、消费习惯等。定位越精准，便越能准确地捕捉到顾客的痛点，产品的包装和宣传越容易引起共鸣。

3. 组合设计解决或营销方案

将产品相关元素与目标顾客相关元素排列结合，确定得出解决或营销方案的关键内容。筛选反差大、对顾客有吸引力的解决或营销方案，进行细节设计。

6.2 思维小游戏：老特产，新包装，新推广

使用白三角形法，将家乡的特色产品或者特色景点与目标顾客的需求结合起来，设计全新的营销推广方案。

目的：我们的家乡有的特产 / 景点很好，但形象老旧，年轻人不知道。能否全新包装，重新设计，推广卖货？

步骤：

（1）请每位同学介绍自己的姓名和家乡，找到自己的老乡，组成一组。

（2）运用白三角形法、头脑风暴法，在白纸或计算机上绘制白三角形，产生创意。

（3）将具体推广方案，包括图片、视频、活动策划、宣传语等，上传给教师。

（4）向全班展示本组推广方案。

6.2.1 和老乡组队

所有人以家乡所在省（自治区、直辖市）为单位分组，每组尽量控制 5~7 人。用 A4 纸制作桌牌，写明本组成员家乡的名字，如图 6-1 所示。

图 6-1　在桌牌写上家乡的名字

6.2.2 填写左边的三角形：特产 / 景点元素

选择家乡某个特色产品或者景点作为本组的重点推广对象。本部分以重庆江小白作为特产，以北京故宫作为景点为例，进行具体说明。

本组成员进行讨论，先列出所有能想到的与推广对象相关的元素，再利用 FABE 销售法进行补充，具体方法如下。

1. 特点（Feature）

罗列出这个特产包含了什么成分，生长环境如何，有什么民间传说，人们在什么情况下会使用它等。

2. 优势（Advantage）

罗列出这个特产相对于类似的其他产品有什么优势。

3. 利益（Benefit）

罗列出这个特产能给顾客带来什么利益，如减脂、保健、娱乐、口感好、体验感好、好玩有趣等，可以结合顾客的需求来想。

4. 证据（Evidence）

罗列出有什么证据能证明这个特产是真的好，例如这是某个朝代的御用贡品，某明星对其赞不绝口，每年销量高等。

例如，如果北京组想推广故宫，可以想出与故宫相关的信息。例如，与故宫相关

的元素有龙凤呈祥、古董、山水画、宫廷首饰、祥云、蝶舞、花鸟、香囊等，如图 6-2
所示。

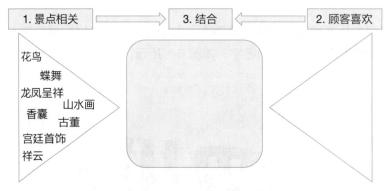

图 6-2　填写故宫相关元素

如果来自重庆市的同学们想推广江小白，可以想与江小白相关的信息。例如，江小白
的发源地自清代以来就是著名的酒乡，因为江小白度数高，所以常用于给鲜肉去腥、做四
川泡菜、给伤口消毒；在关于饮酒的场景、作用方面，则会想到酒馆、调酒师、烧烤摊、
酒节、一醉解千愁、感情深一口闷等，如图 6-3 所示。

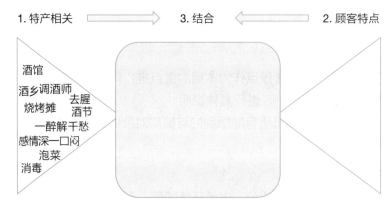

图 6-3　填写江小白相关元素

6.2.3 填写右边的三角形：顾客喜欢的元素

在填写与目标顾客有关的元素前，首先要明确所推广的特产或景点的目标顾客究竟
是谁，他们会在什么情况下消费我们的特产、游览我们的景点，再针对目标顾客罗列出顾
客喜欢的一些元素。

例如，北京组想向年轻人宣传故宫，想将时尚、现代的元素和古典的故宫形象进行结
合，形成反差。那么，现在的年轻人喜欢的元素有哪些呢？可以想到有汉服、围巾、抖音、
美食、口红、茶杯、包包、文创产品、U 盘、筷子、瓷碗、首饰等，将这些填到右边的三
角形中，如图 6-4 所示。

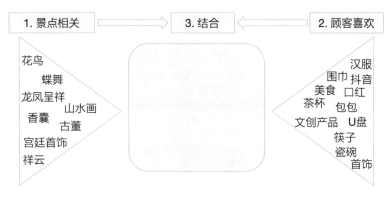

图 6-4 填写故宫目标顾客喜欢元素

重庆的同学想推广江小白，同样锁定了年轻顾客。年轻顾客什么时候会想喝酒呢？烦恼的时候。年轻人会有哪些烦恼呢？可能是工作、感情不如意。也可能是朋友聚会、参加活动的时候想喝酒，如老友相逢、参加音乐节等。结合年轻顾客的喜好，可以按图 6-5 填写右边的三角形。

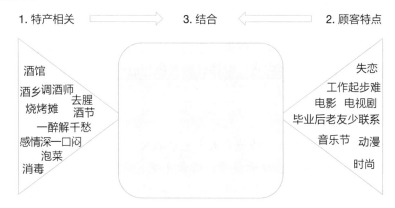

图 6-5 填写江小白目标顾客喜欢元素

6.2.4 **填写中间的长方形：三角形碰撞产生的创意**

将左边三角形的特产或景点元素和右边三角形的顾客元素相结合，产生创意，填写在策划书的长方形中，如图 6-6 和图 6-7 所示。

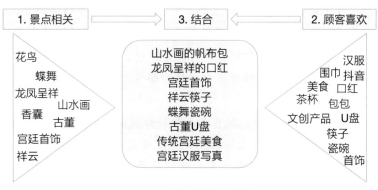

图 6-6 关于故宫的创意

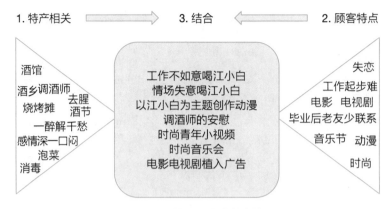

图 6-7　关于江小白的创意

6.2.5 筛选创意，设计营销方案

可以按照以下 3 点原则筛选创意，设计出营销方案。

（1）选择大众化的创意内容，设计的方案要容易理解，不能曲高和寡，这样才能吸引更多人的眼球。

（2）选择能制造反差、突破认知的创意内容，以此为用户带来惊喜感、新鲜感。

（3）选择具有互动性的创意内容，能够让顾客参与进来。

案例一　　　　　　　　　　**故宫的营销方案**

故宫+文创产品：故宫以自身的历史文化元素融入文创产品，可以设计出山水画帆布包、龙凤呈祥口红、宫廷首饰、祥云筷子、蝶舞瓷碗、古董 U 盘等，这些文创产品可以作为故宫的特色商品在故宫商店和淘宝网店售卖。故宫还可以开展新颖的文创宣传，例如，结合时下热播的某部宫廷剧写推文宣传，拍摄宫廷汉服写真，还可以制作相关的短视频，让年轻人爱上故宫文创。

故宫+美食：2017 年，故宫以宫廷御膳食谱制作贵妃饼、八珍粥、五仁酥等食品，放在天猫商城中售卖，让全国喜欢美食的消费者都能接触到古代的御膳。2018 年 5 月，"朕的心意·故宫食品"与善与传播田园风、中国风的网络红人李子柒签约合作，针对年轻群体进行品牌推广。李子柒在微博上拥有上千万关注者，关注者不仅遍布全国，而且还有海外的年轻人。李子柒和故宫食品碰撞出的产品是苏造酱，这种酱采用源自宫廷的辣酱配方，添加了核桃仁、杏鲍菇、花生碎等食材，制作出香辣口感，受到了众多年轻消费者的欢迎。李子柒主打田园自制中国风美食，故宫主打宫廷御膳美食，两者的相通点是中国风、美食，互为补充，正好可以合作。

故宫+抖音：2018 年的中秋节，故宫食品和抖音联合推出一款"抖转星移共团圆"宫廷月饼吉盒。因为电视剧而在抖音上爆红的乾隆皇帝成为这款月饼礼盒的"代言人"，礼盒以清代《弘历观月图》为设计灵感，采用镂空的手法将人物剪影置于盒中，构建清代宫廷中秋玩抖音的场景，结合抖音里的经典热门桥段，让古画里的宫廷人物"抖"了起来。故宫食品官方抖音号还发起了"众卿抖起来"主题挑战赛，掀起宫廷中秋抖音盛会。

多年来，故宫致力于发掘具有文化内涵、鲜明时代特点、贴近大众需求的文化产品，将故宫的建筑、文物、历史通过年轻人喜欢的表达载体进行宣传推广。这些创意将经典与新潮相结合，通过制造反差，拉近故宫与用户间的距离，让故宫显得亲切俏皮。

案例二　　　　江小白的营销方案

酒馆、调酒师＋工作不顺、情感失意：江小白拍摄了类似《深夜食堂》的治愈系视频《江小白酒馆》。在视频里，顾客倾诉各种失意，调酒师则用江小白调出对应的酒品送给顾客，以此来安慰他们。

感情深一口闷＋电影：在以重庆为主要取景地的电影《从你的全世界路过》中植入广告，在表现兄弟情、恋情的片段进行了深度融合。

酒＋音乐节：聚集各地最具实力的原创嘻哈音乐人，将篮球、街舞、滑板、涂鸦、说唱、街头文化、摇滚、民谣这些年轻人喜欢的元素，与江小白的产品结合起来，在各地巡回举行江小白音乐节。

酒＋动漫：创作动漫《我是江小白》，把江小白塑造成重庆刚刚毕业进入职场的年轻人，讲述工作生活中的苦与乐。

酒＋时尚：创作了各种具有鲜明特色的宣传语放在酒瓶上、餐馆里。

由此，江小白这个白酒品牌在年轻人的市场占据了一席之地。

6.2.6　制作本组的策划书

现在，请利用图 6-8 中的空白三角形，为本组的家乡特产或景点设计全新的宣传推广方案，填写在策划书中。

家乡特产／景点宣传推广策划书

我的家乡是 _____

我要推广的景点／特产是 _____

我的目标顾客特点是 _____

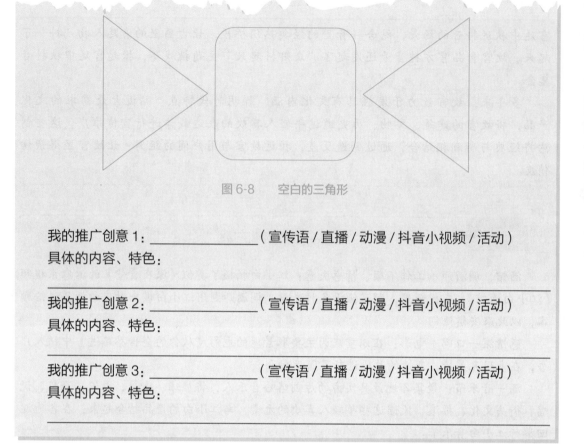

图 6-8   空白的三角形

我的推广创意 1：_____（宣传语 / 直播 / 动漫 / 抖音小视频 / 活动）
具体的内容、特色：
_____

我的推广创意 2：_____（宣传语 / 直播 / 动漫 / 抖音小视频 / 活动）
具体的内容、特色：
_____

我的推广创意 3：_____（宣传语 / 直播 / 动漫 / 抖音小视频 / 活动）
具体的内容、特色：
_____

6.2.7 创意作品示例

利用如图 6-9 所示的白三角形，可以为家乡重庆万州制作宣传创意。

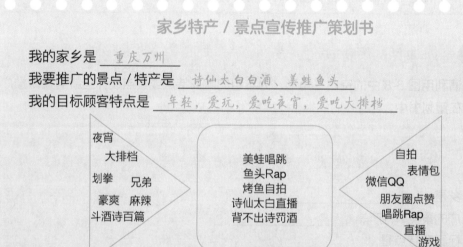

图 6-9   用白三角形法为家乡重庆万州制作宣传创意

我的推广创意 1： ___抖音小视频___

具体的内容、特色：

利用真实图片加卡通动画制作抖音小视频，例如美蛙在锅里边唱边跳，鱼头在美蛙中间唱Rap。标题是"生命不息，说唱不止——我们是万州鱼蛙说唱"。

我的推广创意 2： ___直播___

具体的内容、特色：

一名帅气男子打扮成李白的样子开直播，并和打扮成杜甫的人一起喝酒、背诗，谁背不出诗就要罚酒。最后，对着屏幕喊："记得双击，么么哒。"

我的推广创意 3： ___宣传语___

具体的内容、特色：

喝最烈的酒，吟最美的诗。

利用如图 6-10 所示白三角形，可以为家乡重庆沙坪坝制作宣传创意。

家乡特产／景点宣传推广策划书

我的家乡是 ___重庆沙坪坝___

我要推广的景点／特产是 ___磁器口陈麻花___

我的目标顾客特点是 ___年轻，爱玩，爱吃夜宵，爱吃大排档___

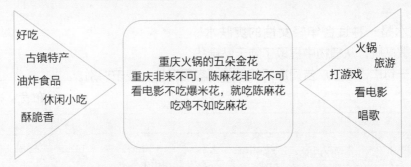

图 6-10　用白三角形法为家乡重庆沙坪坝制作宣传创意

我的推广创意 1： ___宣传语___

具体的内容、特色：

重庆火锅的五朵金花——腰花、脑花、郡花、蹄花、陈麻花。

我的推广创意 2： ___宣传语___

具体的内容、特色：

重庆非来不可，陈麻花非吃不可。

我的推广创意 3： ___宣传语___

具体的内容、特色：

看电影不吃爆米花，就吃陈麻花。

我的推广创意 4： _____宣传语_____

具体的内容、特色：

吃鸡不如吃陈麻花。

6.3 创新训练：设计公司宣传语

6.3.1 领取悬赏任务

我们从猪八戒网获得了 3 个悬赏任务，设计公司或产品的宣传语。完成任务就可以获得相应的创意币。

注意，为了避免知识产权纠纷，请勿抄袭，应坚持原创。我们一起来完成这个任务吧！

悬 赏 令

悬赏金额：600 元创意币。

需求描述：

（1）香丝水是一种适合年轻女性的爽肤水。

（2）适合敏感肌，从植物中提取了纯天然精华。

（3）编写一句广告词。广告词应朗朗上口，容易记忆，便于识别。

发布者：猪八戒网

悬 赏 令

悬赏金额：1000 元创意币。

需求描述：

（1）编写近视防控眼镜广告宣传语。

（2）眼镜的特色是预防近视变严重，控制度数不增加。

（3）需提供广告宣传语的诠释。

发布者：猪八戒网

悬　赏　令

悬赏金额：500元创意币。

需求描述：

（1）辣宴火锅是正宗四川牛油火锅，针对的人群是年轻人。现在需要一句简单易记、朗朗上口、容易传播开的广告词。

（2）要求广告语简单却有哲理，简单有梦想。

（3）要求广告语趣味性强，新潮时尚，贴近年轻人生活。

（4）要求广告词一定要有趣味，不必把牛油、辣宴等写在广告词里。

发布者：猪八戒网

6.3.2 填写左右两边的白三角形

在左边三角形写出公司或商品的相关要素，例如特点、优势、给顾客带来的利益、使用场景等。

在右边三角形写出目标顾客的相关要素，例如爱好、喜欢关注的事物、消费习惯、日常工作痛点、日常生活痛点等。

6.3.3 左右三角形碰撞，产生创意，填写进方框

任选一个左边三角形中的要素，再任选一个右边三角形的要素，两两组合，产生创意，填入中间的方框。

6.3.4 筛选创意，写出宣传语

在方框中挑出最好的4个创意进行润色、整理，形成4句宣传语，填到横线上。

现在，请在图6-11~图6-13上创作自己的作品。

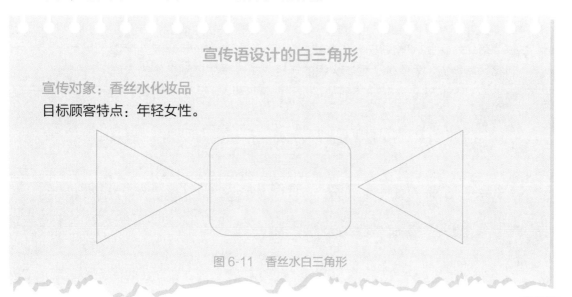

图6-11　香丝水白三角形

经过整理、润色，我们的宣传语是：

（1）_____

（2）_____

（3）_____

（4）_____

宣传对象：近视防控眼镜

目标顾客特点：近视度数容易增加的青少年（初中、高中、小学）和青少年的家长。

图 6-12　近视防控眼镜白三角形

经过整理、润色，我们的宣传语是：

（1）_____

（2）_____

（3）_____

（4）_____

宣传对象：辣宴火锅（牛油川味火锅）

目标顾客特点：爱吃辣、爱吃火锅的年轻人（大学生、刚工作的人群）。

图 6-13　辣宴火锅白三角形

经过整理、润色，我们的宣传语是：

(1)＿＿＿＿＿＿＿＿＿＿＿＿＿＿＿＿＿＿＿＿＿＿＿＿＿＿＿＿

(2)＿＿＿＿＿＿＿＿＿＿＿＿＿＿＿＿＿＿＿＿＿＿＿＿＿＿＿＿

(3)＿＿＿＿＿＿＿＿＿＿＿＿＿＿＿＿＿＿＿＿＿＿＿＿＿＿＿＿

(4)＿＿＿＿＿＿＿＿＿＿＿＿＿＿＿＿＿＿＿＿＿＿＿＿＿＿＿＿

6.3.5 提交任务作品，获得创意币

全组大声读出宣传语，向全班展示创意作品。教师将同学们设计的宣传语在网上搜索，核查是否原创，并根据同学们的宣传语是否符合悬赏令要求、宣传效果，填写酬劳金额。

例如，悬赏金 1000 元创意币的任务，学生作品满足要求的 80%，填写 800 元创意币。

奖　　状

恭喜您在"设计香丝水宣传语"实训任务中，完成悬赏任务的 ＿＿＿＿＿%。
获得酬劳

＿＿＿＿＿＿＿＿＿＿＿＿＿创意币

特发此证，以资鼓励。

　　　　　　　　　　　　　　　　　　　　年　　　月　　　日

奖　　状

恭喜您在"设计近视防控眼镜宣传语"实训任务中，完成悬赏任务的 ＿＿＿＿＿%。
获得酬劳

＿＿＿＿＿＿＿＿＿＿＿＿＿创意币

特发此证，以资鼓励。

　　　　　　　　　　　　　　　　　　　　年　　　月　　　日

奖　　状

恭喜您在"设计辣宴火锅宣传语"实训任务中，完成悬赏任务的 _____%。
获得酬劳

_____创意币

特发此证，以资鼓励。

年　　月　　日

项目

形态分析法

学习目标

1. 理解形态分析法的原理和步骤。
2. 运用形态分析法完成撰写励志爱情故事的任务。
3. 运用形态分析法完成设计生日蛋糕和甜品的任务。
4. 运用形态分析法设计元宵花灯，传承中国优秀传统文化。

思维导图

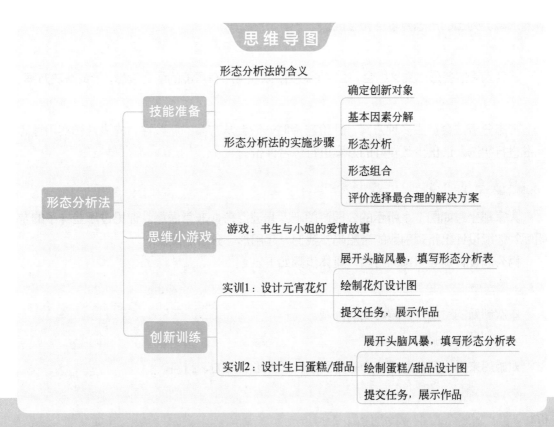

7.1 创新方法：形态分析法

7.1.1 形态分析法的含义

形态是指事物的形状或内外部状态，如事物的大小、形状、颜色、材料等。形态分析法则是将创新对象分解为相互独立的因素，找出每个独立因素各种可能的形态，然后将各因素和形态进行组合的创新方法。

7.1.2 形态分析法的实施步骤

形态分析法是对创新对象进行因素分解和形态组合，筛选后选择最佳解决方案，具体实施步骤如下。

1. 确定创新对象

明确并准确表述需要解决的问题、实现的功能和研究的目标，确定创新对象。

2. 基本因素分解

筛选出有助于解决问题的所有基本因素，为每个基本因素列出尽可能多的选择，编制形态特征表。

3. 形态分析

形态分析就是寻找每个基本因素的可能形态及解决方案，分别列出与各基本因素相对应的形态。列出的形态要求尽量全面。

4. 形态组合

将各因素的各形态交叉组合，绘制形态图，以获得所有可能的组合设想，形成解决方案。

5. 评价选择最合理的解决方案

形态分析法会产生多种方案，评价选择时一般会从方案的新颖性、先进性和实用性等标准进行初选，选出少数较好的方案进行综合评价。

7.1.3 应用案例：公园游船设计

大家都坐过如图 7-1 所示的公园游船吧？碧波泛舟，非常惬意。你见过哪些样子的游船呢？你能设计出新颖别致的游船吗？我们一起用形态分析法试试吧。

为公园设计别致新颖的游船，具体步骤如下。

1. 确定创新对象

本次创新的对象是公园游船的外观。

2. 基本因素分解

对游船来说，可分解成三个基本因素，即外形、动力、材料。

图 7-1   公园游船

3. 形态分析

找出每一基本因素的可能解决途径，即形态值，如材料可以选用木材、钢材、玻璃钢、塑料、铝合金、橡胶板等；动力可以采用划桨、脚踏螺旋桨、电动螺旋桨、明轮、喷水等；外形可以用鸳鸯、天鹅、龙、画舫、鱼等。

4. 形态组合

把这三种基本因素的各种形态进行组合，列出形态分析表，按其行列分别进行组合，如表 7-1 所示。

表 7-1   公园游船形态分析表

外 表	动 力	材 料
天鹅	划桨	玻璃钢
鸳鸯	脚踏螺旋桨	塑料
鱼	电动螺旋桨	木材
画舫	明轮	钢材
飞碟	喷水	铝合金
龙		橡胶板
荷花		

5. 评价选择最合理的具体方案

从经济效应、顾客喜好、公园环境等角度进行综合对比，选出最合理的方案。

例如，外表选择飞碟，动力选择电动螺旋桨，材料选择塑料、玻璃钢，就可以得到一个非常新颖的公园游船设计方案。

7.2 思维小游戏：书生与小姐的爱情故事

中国历史上众多的爱情故事，如《西厢记》《牡丹亭》等，都有一个雷同的模式，即"书生落难、小姐搭救、相知相爱、应考及第、衣锦团圆"。此模式中独立可变的基本因素有书生、落难、小姐、搭救、相知相爱、应考及第、衣锦团圆7个。如何将这些因素用形态分析法分解重组并编写出更多动人的爱情故事呢？

请使用形态分析法，设计出可能的爱情故事模式，并在其中选择你觉得最好的一个模式，写出一个小说的名称和简介。

7.2.1 填写形态分析表

请同学们展开头脑风暴，可以参考示例帮助启发创意，将分解出的形态填入表7-2中。

"书生"代表男主角，可以设想一下，男主角可以有哪些身份？请填入这一列中。

"落难"代表男主角遇到的各种挫折，可以具体讨论一下，男主可能会遇到哪些戏剧性的挫折？请填入这一列中。

"小姐"代表女主角，可以设想一下，女主角有哪些身份？请填入这一列中。

"搭救"代表女主角对男主角的帮助，可以设想出具体措施，并填入这一列中。

此外，在"相知相爱"的一列，可以填写男女主角是因为什么关键点产生美好的爱情；在"应考及第"的一列，可以填写男主通过什么方式成功；在衣锦团圆的一列，可以填写男女主角的最终结局。

需要注意，撰写的爱情故事应积极向上，具有正确的价值观。

表7-2　爱情故事的形态分析表

书生	落难	小姐	搭救	相知相爱	应考及第	衣锦团圆

7.2.2 选择最好的故事

在每一列中选择一个词语进行组合，可以获得很多方案。最终，我们认为以下组合最好：

7.2.3 写出题目和简介

小说题目：_____

小说简介：_____

_____

_____

_____

_____

_____

_____

_____

7.2.4 作品示例

我们针对这些基本因素分别列出若干个形态，填写形态分析表。例如，书生可能是旧式书生、现代大学生、中国书生、外国书生等；落难可能是因为没有路费、被冻风雪中、途遇强盗、患病等，如表 7-3 所示。从所列出的基本因素及其可变形态可以组合出许多个故事。

表 7-3 爱情故事形态分析表示例

书生	落难	小姐	搭救	相知相爱	应考及第	衣锦团圆
古代书生	没有路费	大户小姐	借钱	一见钟情	考中状元	结婚
现代大学生	被冻风雪中	大学生	营救	一波三折	考取职业证书	长相思
青年革命者	途遇强盗	青年教师	安排工作	再次相遇	考上研究生	共同创业
科研人员	患病	导游	看护	产生误会	生意成功	回乡投资
音乐家	旅途遇险	医生	补课	父母反对	创作好作品	环球旅行
画家	车祸	护士	鼓励	志同道合	升职高管	伉俪情深
作家	怀才不遇	公司职员	治病	欣赏才华	求职成功	相守一生
医生	受人陷害	企业家			比赛获奖	
企业家	公司倒闭	公主				
青年教师	实验失败					

我们从中选择的最好的故事如下。

小说题目：**雪中缘**

小说简介：一位画家患病，流落街头，在冰天雪地中被冻得瑟瑟发抖。在绝望之际，画家依然痴迷作画，笑着用树枝在雪地上画了一幅绝美的画作。一位大户小姐恰巧路过，被美丽的画打动，便让家丁扶起奄奄一息的画家，带回了自己的府中好生照料，并请大夫为他诊治疾病。画家病好后，十分感激小姐的救命之恩，日日与小姐吟诗作画，畅谈人生。小姐十分欣赏画家的才华与理想，画家也爱慕小姐的温柔善良，两人逐渐互生情愫，相知相爱，许下了山盟海誓。奈何小姐家境富贵，父母不允婚事，想要拆散他们。于是，画家发奋作画，在诗画大会中一举夺魁，证明了自己的能力，并由此获得了官职。最终，画家衣锦还乡，迎娶了意中人，与小姐相伴白头，幸福地度过了一生。

7.3 创新训练：设计元宵花灯

7.3.1 领取悬赏任务

我们从元宵花灯组委会获得了一个悬赏任务，创作一组花灯，完成任务就可以获得相应的创意币。

悬　赏　令

悬赏金额：1000 元创意币

需求描述：

（1）请用形态分析法，画出形态分析表，创作一组元宵花灯。

（2）花灯要有主题。

（3）形态分析表中应显示花灯的主题、外形、色调、材料、寓意等。

（4）画出花灯示意图。

需求来源：元宵花灯组委会

7.3.2 展开头脑风暴，填写形态分析表

展开头脑风暴，填写如表 7-4 所示的形态分析表。

表 7-4　花灯形态分析表

主题	形状	材料	色调	寓意

7.3.3　绘制花灯设计图

经过讨论，我们选择的花灯方案是：

我们的花灯设计图是：

7.3.4 提交任务，获得悬赏奖励

请提交任务，向全班进行展示，并由教师根据任务的要求、任务的完成情况，填写酬劳金额。例如，悬赏金 1000 元创意币的任务，学生作品满足要求的 80%，填写 800 元创意币。

奖　　　状

恭喜您在本次实训任务中，完成悬赏任务的 _____%。
获得酬劳

_____创意币

特发此证，以资鼓励。

年　　月　　日

7.3.5 灯组实例

设计过程中可参考图 7-2 中的花灯示例。

图 7-2　元宵花灯示例

7.4 创新训练：设计蛋糕 / 甜品

7.4.1 领取悬赏任务

我们从蛋糕甜品店获得了一个悬赏任务，设计一款新颖的蛋糕 / 甜品。完成任务就可以获得相应的创意币。

悬赏金额：2000 元创意币。

需求描述：

（1）需要设计新颖的蛋糕（如小蛋糕、生日蛋糕、婚礼蛋糕）、甜品（如冰激凌、芋圆烧仙草、杨枝甘露、木瓜牛奶等）吸引顾客。

（2）所设计的蛋糕 / 甜品要外观吸引人，吃着好吃，新颖，与众不同。

需求来源：蛋糕甜品店

7.4.2 展开头脑风暴，填写形态分析表

展开头脑风暴，填写如表 7-5 所示的形态分析表。

表 7-5　蛋糕 / 甜品形态分析表

主料的形状	容器材质	容器颜色	配料	装饰品	口味	表演

7.4.3 绘制蛋糕／甜品设计图

经过讨论，我们认为最合适的方案是：

_____

我们的蛋糕／甜品设计图是：

7.4.4 提交任务，获得悬赏奖励

请提交任务，向全班进行展示，并由教师根据任务的要求、任务的完成情况，填写酬劳金额。例如，悬赏金 2000 元创意币的任务，学生作品满足要求的 80%，填写 1600 元创意币。

奖　　状

恭喜您在本次实训任务中，完成悬赏任务的 _____%。
获得酬劳

_____创意币

特发此证，以资鼓励。

年　　月　　日

7.4.5 创意作品示例

1. 领取悬赏任务

用形态分析法，设计创意冰激凌。

2.填写形态分析表

（1）主料的形状。在主料的形状方面，可以设计成圆球、方块、三明治、盆栽、花朵、意大利面等。

（2）容器材质。在冰激凌容器材质方面，可以用这些材料做外壳：蛋卷筒、透明玻璃高脚杯、鸡蛋仔、鲷鱼烧、椰子、西瓜、纸盒、火炬型饼干等，碗、金属杯子、塑料杯子，其中火炬型饼干可以防止冰激凌滴落在衣服上。

（3）容器颜色。在外壳颜色方面，可以设计成浅绿、浅粉、浅紫、浅蓝、浅棕、深棕等。

（4）配料。在冰激凌配料方面，可以选择棉花糖、彩虹糖、芋圆、鲜草莓、猕猴桃、火龙果、蓝莓、烧仙草、覆盆子、坚果、茶叶、红豆等，还可以添加一些卡通元素。

（5）冰激凌装饰。在冰激凌装饰品方面，可以选择金色勺子、薄荷叶、小伞、鲜花、松饼、棒棒糖等。

（6）口味。在冰激凌口味方面，可以选择香草、香芋、巧克力、椰子抹茶、紫苏柠檬、海盐焦糖、绿茶、开心果等。

（7）表演。在售卖时可以加上表演，例如在冰激凌里加入特殊材料，可以做出拉丝冰激凌，也可以加入夸张有趣的土耳其表演法。

把想到的点子都填到表中，边想边填，如表 7-6 所示。

表 7-6 冰激凌形态分析表

主料的形状	容器材质	容器颜色	配料	装饰品	口味	表演
圆球	蛋筒	浅绿	棉花糖	金色勺子	香草	拉丝
方块	透明玻璃高脚杯	浅粉	彩虹糖	薄荷叶	香芋	土耳其表演法
三明治	鸡蛋仔	浅紫	芋圆	小伞	巧克力	
盆栽	鲷鱼烧	浅蓝	鲜草莓	鲜花	椰子抹茶	
花朵	椰子	浅棕	猕猴桃	松饼	紫苏柠檬	
意大利面	西瓜	深棕	火龙果	棒棒糖	海盐焦糖	
	纸盒		蓝莓		绿茶	
	火炬型饼干		烧仙草		开心果	
	碗		覆盆子			
	金属杯子		坚果			
	塑料杯子		茶叶			
			红豆			

3. 组合出方案，绘制设计图

例如，主料的形状选择花朵，容器材质选择鸡蛋仔，容器颜色选择浅绿，这样就构造出了"花束冰激凌"。配料选择茶叶，装饰品选择松饼，口味选择紫苏柠檬，不用表演，就是很有吸引力的一款冰激凌，其设计图如图 7-3 所示。

图 7-3 "花束冰激凌"设计图

再比如，主料的形状选择意大利面型，容器材质选择纸盒，容器颜色选择深棕，配料选择鲷鱼烧，装饰品选择金色勺子，口味选择开心果味，不选择表演，就形成了一道"三不像"的冰激凌：看起来是意大利面，吃起来又是冰冰软软像冰激凌，口感又像开心果。

还可以再创造一种，主料的形状选择圆球，容器材质选择西瓜皮，颜色自然就是绿色了。配料选择芋圆和烧仙草，装饰品选择小伞，口味选择海盐焦糖，再加上土耳其式的欢乐，这款就是适合夏天海滨的清爽冰激凌。

再创造第四种，主料的形状用圆球，容器材质用鲷鱼烧，容器颜色用浅蓝，配料选择蓝莓、覆盆子、红豆，做出来的样子就像是一只鲷鱼在吐泡泡，因为圆球、蓝莓、覆盆子、红豆都是小小的圆球。装饰品用松饼，口味选择椰子抹茶，不表演，这就是一款"鲷鱼泡泡"冰激凌。

项目

强制联想法

学习目标

① 理解强制联想法的含义和步骤。

② 运用强制联想法完成七巧板小游戏，培养联想思维。

③ 运用强制联想法完成创意自我介绍的任务。

④ 运用强制联想法完成工作服设计任务，培养创新精神。

思维导图

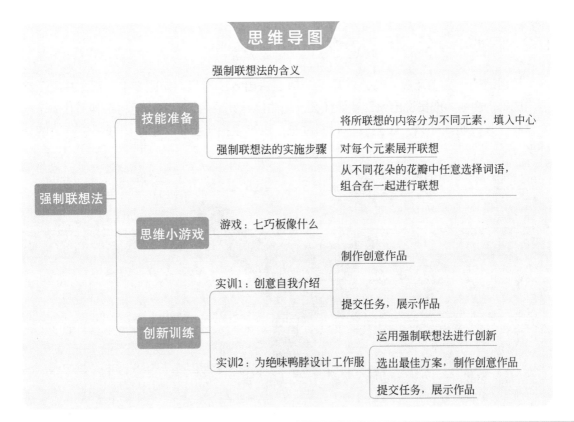

8.1 创新方法：强制联想法

8.1.1 强制联想法的含义

强制联想法是使用某种工具，强制自己将任意两个相关元素通过相似联想、接近联想、因果联想、对比联想等方法发散思维，获得创意。

8.1.2 强制联想法的实施步骤

强制联想法的实施步骤如下。

1. 将所联想的内容分为不同元素，填入中心

将需要进行强制联想的内容拆开成单独的元素，填到每个花朵的中心。可以拆为几个元素，就填写几朵花朵。

2. 对每个元素展开联想

对花朵中心的每个元素展开联想，将联想出的词语填入花瓣之中。

3. 从不同花朵的花瓣中任意选择词语，组合在一起进行联想

从每朵花中任选一片花瓣，将花瓣上的词语组合在一起进行联想。如果词语较多，可以先两两组合进行联想，再将每组的创意结合在一起。

8.2 思维小游戏：七巧板像什么

每组使用一套七巧板。每人使用七巧板组合出 3 个形状，如图 8-1 所示，并展示给组内成员，由组内成员说出该形状像什么。组内展示完成后，由各小组将每种形状演示给大家看，并说明像什么。如果展示时间过长，也可以拍照上传，由小组成员进行讲解与分享。

图 8-1　七巧板组合

8.3 创新训练：创意自我介绍

8.3.1 领取悬赏任务

我们从项目经理处获得了一个悬赏任务，完成任务可以获得相应创意币。请以个人为单位，完成任务并获得创意币。

悬 赏 令

悬赏金额：800 元创意币。

需求描述：

（1）作为团队的一员，需要构思有创意、易于记忆的自我介绍。

（2）面对不同的顾客，应有不同的自我介绍风格，如通俗易懂的、趣味的、严肃的、文艺的自我介绍。

（3）自我介绍可以包含文字、图片等，因为有时需要在演讲、展示 PPT 时进行自我介绍。

发布者：项目经理

8.3.2 制作创意作品

1. 将名字拆开

将自己的名字拆开为单独的字，分别填入图 8-2 的花朵中心。

2. 对名字的每个字展开联想

分别对名字的每个字展开联想，将想到的词语填入图 8-2 的花瓣之中。

3. 组合联想

从每个字联想出的词语中（花瓣中）任选一个，将其两两组合在一起进行联想，形成作品，填写在横线上。

如果名字是三个字，可以先用姓氏和中间的字联想，再加入第三个字联想。

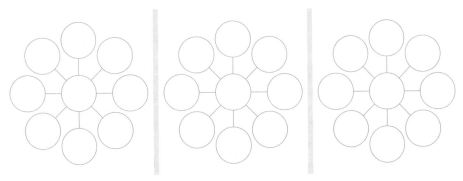

图 8-2 姓名的强制联想

元素两两组合，产生的作品是：

（1）_____

（2）_____

（3）_____

（4）_____

（5）_____

8.3.3 提交任务，获得悬赏奖励

请提交任务，向全班进行自我介绍，并由教师根据任务的要求、任务的完成情况，填写酬劳金额。例如，悬赏金 800 元创意币的任务，学生作品满足要求的 80%，填写 640 元创意币。

奖　　　状

恭喜您在本次实训任务中，完成悬赏任务的 _____%。
获得酬劳

_____创意币

特发此证，以资鼓励。

年　　　月　　　日

8.3.4 创意作品示例

1. 将名字拆开

以"项容"这个名字为例，"项容"可以拆成"项"和"容"两个字，将这两个字分别填入图 8-3 两个花朵的中心。

2. 对名字的每个字展开联想

由"项"字可以联想到项链、项羽、项目经理、项庄舞剑。除了"项"这个字本身，还可以找同音字进行联想，例如"项"和"向"同音，会想到向日葵；"项"和"相"同音，会想到相公、宰相。

由"容"字可以联想到容貌、宽容、有容乃大、容易、容嬷嬷。同样，"容"和"荣"同音，会联想到华为荣耀、荣光。将这些词语填入图 8-3 的花瓣中。

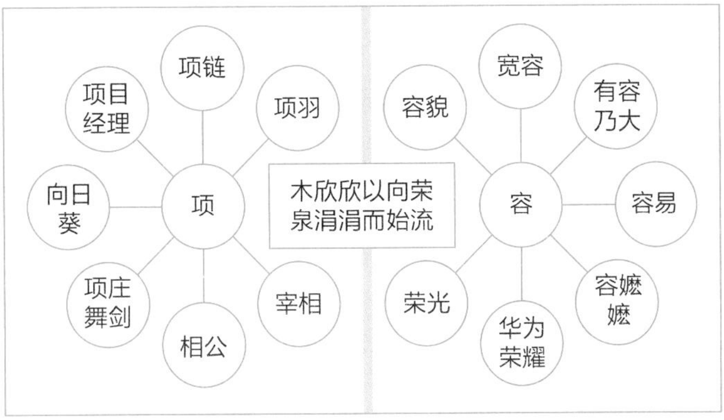

图 8-3　"项容"的强制联想

3. 组合联想

例如，从左边选出"项羽"这个词，与右边的每一个词分别进行组合联想，并将有创意的组合记录下来。

"项羽"+"容貌"可以形成一个字谜：霸王的脸。

"项羽"+"容嬷嬷"可以形成趣味故事：容嬷嬷给项羽扎针或者"项王，你还记得大明湖畔的容嬷嬷吗？"

"项羽"和其他词语组合起来没有产生什么创意，那么便可以换另一个词，如"项目经理"。

"项目经理"+"容易"：项目经理真不容易，希望未来立项容易，结项更容易。

以此类推，还可以获得其他自我介绍。

"宰相"+"荣光"：在古代，当宰相是一个家族的无上荣光。

"项容"听起来像"向荣"，是词语"欣欣向荣"的一部分，源自古文"木欣欣以向荣，泉涓涓而始流"，描绘了和谐、美好的画面。

最后，我们获得的创意自我介绍如下。

（1）给大家猜一个谜语，"霸王的脸"。这个谜语的答案就是我的名字。"霸王"指"项羽"，"脸"便是容貌，大家好，我叫项容。

（2）我很喜欢陶渊明，他有一句名句，以前语文课经常默写："木欣欣以向荣，泉涓涓而始流。"大家好，我叫项容，和"欣欣向荣"里的"向荣"一个读音。

（3）大家好，我叫项容，就是"项目变得更加容易"的"项容"。项目经理真不容易，希望未来立项容易，结项更容易。

8.4　创新训练：为绝味鸭脖设计工作服

8.4.1　领取悬赏任务

我们从猪八戒网获得了一个悬赏任务，完成任务可以获得相应创意币。请以团队为单位，完成任务并获得创意币。

悬赏金额：2000 元创意币。

需求描述：

（1）为绝味鸭脖门店店员设计服装。

（2）要求服装上有红色元素，有商标或"绝"字。

（3）服装包括上衣和裤子（春夏秋冬）、帽子、围裙，可设计女裙。

发布者：猪八戒网

8.4.2 运用强制联想法进行创新

1. 对"绝味""鸭脖"分别展开联想

对"绝味""鸭脖"分别展开联想，将想到的创意填入图 8-4 的花瓣中。

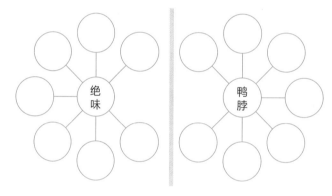

图 8-4　绝味鸭脖工作服设计

2. 从两朵花中各选一个词，强制联想

从"绝味"的相关词语中选出一个，从"鸭脖"的相关词语中选出一个，两两组合，强制联想。

8.4.3 选出最佳方案，制作创意作品

对比不同方案，选出最佳的一种并制作创意作品。在纸上绘制出工作服的上衣、裤子、帽子、围裙等。应注意以下内容。

1. 用铅笔绘制线稿

根据选择出的相关词语绘制工作服线稿，注意应使用铅笔绘制，以便修改。

2. 用彩笔上色

（1）可以先在草稿纸上试色，检验是不是想要的效果。

（2）如果彩笔被其他颜色污染，可以在草稿纸上把污染部分涂净。

（3）涂色顺序可以从左至右、从上到下，这样可以避免弄脏画面和衣袖。

上衣	裤子

裙子	冬装外套

帽子	其他（围裙、配饰）

8.4.4 提交任务，获得悬赏奖励

请提交任务，向全班展示工作服装设计方案，并由教师根据任务的要求、任务的完成情况，填写酬劳金额。例如，悬赏金 2000 元创意币的任务，学生作品满足要求的 80%，填写 1600 元创意币。

奖　　状

恭喜您在本次实训任务中，完成悬赏任务的 _____%。
获得酬劳

_____ 创意币

特发此证，以资鼓励。

年　　月　　日

8.4.5 创意作品示例

在如图 8-5~ 图 8-9 所示的绝味鸭脖工作服装设计中，夏装短袖上标注着辣椒和"绝"字，凸显了绝味鸭脖够辣、够美味。春秋装外套上，除了辣椒元素以外，还有一个可爱的鸭头兜帽，与主打商品鸭脖呼应。裤子采用黑色，围裙采用大红色，更加耐脏。帽子与衣服、裤子风格一致。冬装采用红色的唐装设计，显得温暖、有过年的喜庆感。

图 8-5   绝味鸭脖春夏工作服上衣（正面）

图 8-6   绝味鸭脖春夏工作服上衣（背面）

图 8-7   绝味鸭脖裤子和围裙

图 8-8   绝味鸭脖帽子

图 8-9 绝味鸭脖冬装

项目

希望点列举法

学习目标

① 理解希望点列举法的含义。

② 了解生活中的希望点列举法示例，培养创新意识。

③ 运用希望点列举法完成"100 年后的一天"任务。

④ 运用希望点列举法完成寻找创业机会的任务，增强创新创业能力。

思维导图

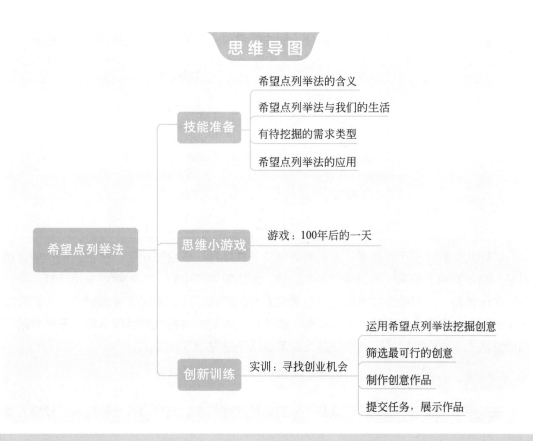

9.1 创新方法：希望点列举法

9.1.1 希望点列举法的含义

人们对美好未来的追求和憧憬，往往会成为创新的强大动力。希望点列举法就是把人们对某个事物的要求，诸如"希望……""如果是那样就好了"的想法列举出来，并寻求解决方法。实践证明，希望点列举法是一种重要的、收效极佳的创新方法。

希望点列举法与问题列举法、缺点列举法相通，当我们身处困境之中，或者看到某件产品、某项服务有缺点，就会提出相应的希望，进而想出改进方法，让这个产品或服务因为创新而越变越好。

9.1.2 希望点列举法与我们的生活

人们想吃火锅，常常会觉得吃火锅还要出门去火锅店，可能还要排队，要花很多时间，或者担心火锅不正宗，以及一个人去吃会很尴尬。方便火锅像方便面一样，不用火不用电，直接往食盒里面加水就可以加热，15分钟就可以吃到火锅了，而且分量小，刚好适合一个人食用。很多方便火锅还是在重庆生产、发货，口味正宗。正是因为人们希望方便、快捷、随时随地、不用和他人拼桌就能吃到火锅，这种方便火锅才得以研发出来，依靠生石灰遇水发热的原理来加热食材。方便火锅通过微商渠道被快速推广，受到全球消费者的喜爱，尤其受到中国留学生的追捧。方便火锅中的希望点带来的创新措施如图9-1所示。

希望点	创新措施
火锅加热	生石灰遇水发热
方便	倒入冷水即可
快捷	15分钟煮好
随时随地	便携，全球购
不用和他人搭桌	1人份
品味正宗	重庆出产

图9-1 方便火锅的希望点带来的创新措施

诸如此类的例子还有很多：人们希望像鸟一样飞翔，于是发明了飞机；人们希望冬暖夏凉，因此发明了空调；人们希望夜如白昼，所以发明了电灯；人们希望快速计算，所以发明了计算器；人们希望打电话时可以看到对方的形象，所以发明了视频聊天；人们希望洗手后不用毛巾擦也能干手，所以发明了烘干机；人们觉得扫地拖地很麻烦，于是发明了扫地机器人；人们希望足不出户便能吃到美食，于是发明了外卖。

9.1.3 有待挖掘的需求类型

在运用希望点列举法时，可以从不同的角度挖掘需求，充分寻找各种需求，包括人类普遍需求、特殊群体需求、现实需求、潜在需求。

1. 人类普遍需求

人类普遍的需求包括求实心理、求新心理、求廉心理、求美心理、求奇心理、求快心理等。方便火锅就满足了人们求快、求美味、求新的需求。

2. 特殊群体的需求

特殊群体包括盲人、聋哑人、孤寡老人、住院病人、左撇子、有特殊嗜好的人等。这部分人的需求常常被人们忽视，但这却是非常值得创新的领域，如手译 App 的开发为听障人士提供了一个在线翻译和交流的平台。

3. 现实需求

现实需求是指摆在眼前的需求，这是需要首先关注的。例如，写字楼周围没有小吃店、快餐店，在这里上班的白领又不喜欢自己带午饭，此时现实需求便是外卖的供应。

4. 潜在需求

潜在需求是指人们没有明确提出来，但又确实需要创新、满足的需求。

9.1.4　希望点列举法的应用

以伞的创新为例，说明希望点列举法的应用方法。

1. 激发和收集各种意见和希望

伞是人们生活中常使用的工具，但传统的伞有诸多不便，例如从屋外回来后雨伞总把地板弄得湿漉漉的。

一位设计者突发奇想：会不会是伞的设计出了问题？于是他开始留意观察传统雨伞的种种不便。在下雨天，如果想打着伞上私家车或出租车，人们总会有一点时间会被雨淋到。这是因为车的空间比外面小，撑着伞上车后再收伞不可行，如果迅速地先收伞，再进车，不管动作有多快，还是会淋到雨，除非上车前把车门开得非常大，但这样收伞时伞向下收拢，伞上的水会洒入车内。进到车里，湿漉漉的伞好像放哪都不合适，如果随手一放，还很有可能弄湿重要的东西。以为仅此而已吗？下车时，还要再淋一次雨。不仅如此，在人多拥挤的地方，打开伞也要小心翼翼，否则很容易戳到别人。如果下雨时还刮大风，伞根本就撑不住，很容易就会被吹翻，要把伞一点点翻回来，需要花很长时间，等把伞翻回来，雨中的人也早已湿透了。

由此，设计者总结出以下问题，希望改进。

问题 1：伞总是浸湿地板。

问题 2：上车收伞时总被雨淋到，下车开伞时也总被雨淋到。

问题 3：在人群中开伞不方便，容易戳到别人，而且空间不够。

问题 4：大风会把伞吹翻，要一点点翻回来，此时还要淋雨。

2. 研究、分析与鉴别希望点

在总结了目前使用伞时的常见问题后，这位设计者充分发挥自己的才能，不断试验，重新设计伞，以便能解决问题。创新措施如图 9-2 所示。

问题点	创新措施
总是浸湿地板	迅速拧干伞
出入爱车被雨淋	反方向收伞开伞
在人群中开伞不方便	花朵绽开式开伞
大风吹翻伞，要一点点翻过来	对抗强风的伞柄，一键翻伞

图 9-2　为每个希望点寻找解决方法

3. 以希望点为依据，制定可行方案，满足人们的希望

这位设计者在这些希望点的指引下，不断对伞进行重新设计，最终设计出了如图 9-3 所示的反向折叠伞，并制作了宣传片用于在网站上众筹，以便获得资金进行大批量生产、销售。这一项目受到了社会大众的支持，很快便筹集到了远多于目标金额的资金。

图 9-3　反向折叠伞

9.2　思维小游戏：100 年后的一天

100 年前，人类的生活与现在有什么不同呢？100 年前，没有电视机，没有冰箱，没有手机，也没有计算机。当时的人无法想象，那些人类希望被满足的愿望和理想推动着世界不断发展，人类社会会如此科技发达、繁荣美好。

现在，我们来玩一个小游戏，通过希望点列举法，找到目前没有被满足的愿望或者有待改进的缺憾，设想 100 年后的世界是如何满足这些愿望的，并和小组成员一起表演出我们希望中的 100 年后的某一天。

9.2.1　用希望点列举法，找到未满足的愿望

与小组成员一起在表 9-1 的左边用头脑风暴写出人类目前还没有被满足的希望或者有

待改进的缺憾。并在右边写出对应的未来创新与发展方向。

表 9-1　希望点和 100 年后的创新与发展

现在的希望／不满	100 年后的创新／发展
请写出你觉得目前还没有实现的希望或待改进的不满：	请写出左边没有实现的愿望，在 100 年后会怎样实现：

9.2.2　将 100 年后的创新／发展写成剧本

将之前想到的 100 年后可能的创新和发展填在表 9-2 的左边，并在右边写出表演的剧本。

表 9-2　100 年后的某一天的剧本

100 年后的创新	剧 本 情 境
请把表 9-1 右边部分誊写下来：	请写出左边每个创新／发展的具体情境剧本：

9.2.3 将剧本表演出来

组内分配角色，熟悉台词，思考如何用表情和动作表现这些情境，并表演给全班同学看。

9.2.4 创意作品示例

没有被满足的希望和有待改进的不满，以及由此衍生出的未来创新与发展如表 9-3 所示。

表 9-3　希望点和未来创新与发展示例

现在的希望 / 不满	100 年后的创新 / 发展
（1）冬天的衣服又厚又难看 （2）VR 场景不精细，会令人眩晕 （3）房子不仅价格高昂，而且会将人束缚在某一城市生活 （4）开车容易堵车，飞机只能远距离飞行且价格高 （5）"千金难买后悔药" （6）希望可以去外太空旅游	（1）可调节温度、色彩的衣服 （2）VR 技术成熟，场景逼真 （3）可自由缩放的便携式房屋 （4）像单车一样普及的私人飞行器 （5）能穿越时间的仪器 （6）星际旅行

9.3　创新训练：寻找创业机会

9.3.1 领取悬赏任务

我们从准备创业的人那里获得了一个悬赏任务，帮助他寻找创业机会，并进行初步的创业计划。完成任务就可以获得相应的创意币。

悬　赏　令

悬赏金额：1500 元创意币。

需求描述：

（1）在学校周边挖掘创业机会。

（2）形成初步的创业计划。

（3）创业计划能获得收益，可行性强。

发布者：准备创业的人

9.3.2　运用希望点列举法挖掘创意

与小组成员一起在表 9-4 的左边用头脑风暴写出现在还没有被满足的希望或者有待改进的不满，并在右边写出对应的创业机会。

表 9-4　希望点和创业机会

现在的希望 / 不满	创业机会
请写出你觉得目前还没实现的希望或有待改进的不满：	请写出你想到的创业机会：

9.3.3　筛选最可行的创意

由希望点，小组获得了大量的创业机会，请从可行性、营利性等角度，筛选出最合适的创业机会，填写在下方，并利用 SWOT 矩阵进行分析。

经过讨论，我们认为，＿＿＿＿＿＿＿＿＿＿＿＿这个创业机会，最适合实施，我们选择的原因用 SWOT 矩阵展示如表 9-5 所示。

表 9-5　创业机会的 SWOT 分析

团队选择这个创业机会的内部优势（S）： 如是否具备技术、经验、资质、设备、资金等	团队选择这个创业机会的内部劣势（W）： 如是否具备技术、经验、资质、设备、资金等

团队选择这个创业机会的外部机会（O）： 如竞争对手、顾客人数、国家政策、消费观念、消费水平、消费频率、供应商等	团队选择这个创业机会的外部威胁（T）： 如竞争对手、顾客人数、国家政策、消费观念、消费水平、消费频率、供应商等

9.3.4 制作创意作品

请和小组成员一起讨论并填写下面的内容，制作创业计划。

创业计划书（简要版）

我们准备开一家 _____，名字叫 _____。

我们主要的顾客是 _____，他们一般在 _____ 时候消费，喜欢 _____ 的商品／服务。

我们的经营特色是 _____，这是我们能和竞争对手较量的竞争优势。

具体选址在 _____，通过网络搜索可知，这家空门面的面积是 _____ m²，月租是 _____ 元。选择这里的原因是，周围的居民、行人主要以 _____ 为主，他们正好是我们的顾客，而且我们需要的东西（如水电、厨房、厕所），这个门面都符合要求。

我们准备从 _____ 进货，例如，_____ 商品进价是 _____ 元，售价我们定为 _____ 元。

我们准备的装修风格是_____。

开业初期，我们打算用以下的方法吸引顾客：

（1）_____

（2）_____

（3）_____

9.3.5 提交任务，获得悬赏奖励

请提交任务，向全班展示本组的创业计划，并由教师根据悬赏任务的要求、任务的

完成情况，填写酬劳金额。例如，悬赏金 1500 元创意币的任务，学生作品满足要求的 80%，填写 1200 元创意币。

奖　状

恭喜您在本次实训任务中，完成悬赏任务的 _____%。
获得酬劳

_____创意币

特发此证，以资鼓励。

年　　月　　日

9.3.6 创意作品示例

经过讨论，大家觉得在学校里生活和学习有 3 个不满的地方，这对应了 3 个创业机会，如表 9-6 所示。

表 9-6　希望点和创业机会

现在的希望 / 不满	创业机会
（1）以前食堂有一家螺蛳粉店，很多人去吃，但周围商户举报它太臭了，它便关门了。我们没有螺蛳粉吃了	（1）在学校周边开一家正宗的螺蛳粉店
（2）女生课后喜欢逛精品店，但最近的精品店都要坐好几站公交车才能到，太远	（2）在学校周边开一家大型精品店
（3）喜欢宿舍聚餐、部门聚餐，但周围没有环境好、味道好的火锅店	（3）在学校周边开一家自助火锅店

经过讨论，我们认为，____开螺蛳粉店____ 这个创业机会，最适合实施，我们的选择原因用 SWOT 矩阵展示如表 9-7 所示。

表 9-7　螺蛳粉店创业机会的 SWOT 分析

团队选择这个创业机会的内部优势（S）： （1）螺蛳粉制作方法简单 （2）团队成员有螺蛳粉制作经验 （3）开店手续容易办理	团队选择这个创业机会的内部劣势（W）： （1）螺蛳粉有时做得好吃，有时不好吃 （2）资金不够 （3）店铺经营经验不够
团队选择这个创业机会的外部机会（O）： （1）学校很多人喜欢吃螺蛳粉 （2）学校周围没有卖螺蛳粉的店 （3）网上有销售制作螺蛳粉的二手设备 （4）螺蛳粉不贵，适合大学生消费	团队选择这个创业机会的外部威胁（T）： （1）疫情一旦严峻，学生无法出校，赚不了钱 （2）疫情期间，学生出校的频率降低 （3）小店经营，容易被大店挤压

经过调查，制作简要的创业计划书。

创业计划书（简要版）

我们准备开一家 ___螺蛳粉店___ ，名字叫 ___柳州正宗螺蛳粉___ 。

我们主要的顾客是 ___大学生___ ，他们一般在 ___早、中、晚（其中，中午和晚上是高峰）___ 的 时候消费，喜欢 ___服务周到、价格实惠、味道正宗___ 的商品/服务。

我们的经营特色是 ___上餐快，味道正宗___ ，这是我们能和竞争对手较量的竞争优势。

具体选址在 ___重庆工商职业学院合川校区西门52号___ ，通过网络搜索可知，这家空门面的面积是 ___32___ m²，月租是 ___3000___ 元。选择这里的原因是，周围的居民、行人主要以 ___大学生___ 为主，他们正好是我们的顾客，而且我们需要的东西（如水电、厨房、厕所），这个门面都符合要求。

我们准备从 ___义乌小商品批发市场或阿里巴巴___ 进货，例如，___螺蛳粉___ 商品进价是 ___5___ 元，售价我们定为 ___10___ 元。

我们准备的装修风格是 ___简洁、大方、舒适、耐脏___ 。

开业初期，我们打算用以下的方法吸引顾客：

（1）___开店前期送卤蛋、烤串或饮料。___

（2）___可选择套餐，更实惠更方便。___

（3）___顾客在QQ空间、微信朋友圈转发，点赞满30个，赠送礼品。___

项目

组合创新法

学习目标

1. 了解组合创新法的含义和分类。
2. 运用组合创新法完成设计梦想中的房子的任务。
3. 运用组合创新法完成创意纸桥设计的任务。
4. 了解我国先进科技，培养爱国精神。

思维导图

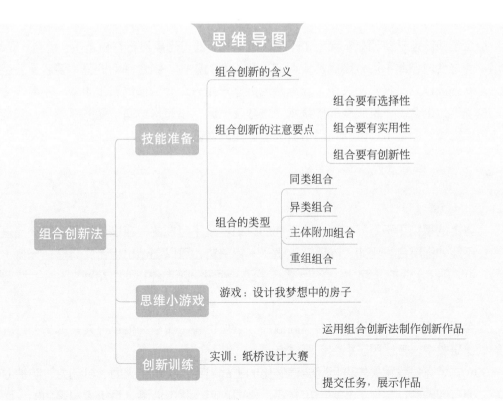

10.1 创新方法：组合创新法

图 10-1 里的物品是什么？

图 10-1　无人机

对，是一架无人机。如果单独一架无人机，只是一个玩具，但如果把无人机与摄像机组合在一起，便可以进行空中影视拍摄；把无人机与导弹组合在一起，便可以用于军事准确打击。例如，我国国产"彩虹-4"无人机可以在 5000 米高空使用导弹攻击地面目标，准确击中移动目标及固定靶目标。这就是组合创新的魅力。

10.1.1 组合创新的含义

组合创新就是把多项直观看起来不相关的事物，通过想象进行有机连接、组合、变革、重组，使之变成彼此不可分割的、新颖的、有价值的整体。组合创新的基本要求是各组成部分之间必须建立某种紧密关系，且组合后能够产生一个有价值的新生事物，不能产生价值的拼凑不是组合。一堆废弃的矿泉水瓶堆放在一起，没有形成有价值的新事物，只能被当作垃圾扔掉，但若将其废物利用组合成造型便成为艺术品。

10.1.2 组合创新的注意要点

1. 组合要有选择性

世界上的事物千千万万，不加选择地加以组合是不可能的，应该选择适当的物品进行组合，不能勉强凑合。例如，卷笔刀＋镜子＋铅笔盒，可以创造出组合文具盒；牙膏＋中草药，可以创造出保护牙齿的中草药牙膏；中医＋西医，创造出中西医结合的综合治疗方法。

2. 组合要有实用性

组合要有实用性，要通过组合提高效益、增加功能，使事物相互补充，取长补短。我国的武器研发中，就运用了组合创新思维。

99A 式坦克是我军最先进且完全信息化的主战坦克，实现了火力、机动力、防护力和信息力的有效融合，实现了战场态势共享、协同攻防、状态监测、系统重构等功能，而且

软件、元器件全部自主可控，是我国真正意义上的首台信息化坦，如图 10-2 所示。在技术
受制于人，科研条件举步维艰的情况下，研发人员为中国打造出世界一流的"陆战之王"。

图 10-2　我国的 99A 式坦克

3. 组合要有创新性

组合的本质是想象和创新。通过组合要使产品内部协调，互相补充，相互适应，更加
先进。

10.1.3　组合的类型

1. 同类组合

同类组合是指在保持事物原有功能的前提下，通过数量的增加来弥补原有事物功能的
不足或获取新的功能。

2. 异类组合

异类组合是指将两种或两种以上的不同类型的技术或物品组合在一起，获得功能更强、
性能更好的新产品，例如将打印机、复印机、扫描仪组合成三合一打印机。

3. 主体附加组合

主体附加组合是指在一个主体产品上附加一个东西，产生一个新的产品。

4. 重组组合

重组组合是指有目的地分解事物，并按照新的方式重新组合，以促进事物的功能和性
能发生变革的创新方法。

10.2　思维小游戏：设计我梦想中的房子

单位：小组。

任务来源：创业前的店铺装修、客栈酒店设计、自家设计。

内容：假如你要开一家别致的酒店、客栈、店铺，或者装修自己的家、宿舍，你希望

它是什么样子的呢？

步骤：

（1）选择一个目标：是酒店、客栈、店铺、自己家，还是宿舍？

（2）在酷家乐 App 或者酷家乐官网上看装修案例，把喜欢的元素（如吊灯、瓷砖、桌子）截图保存。要求必须要有 3 个以上的案例。

（3）把收集的吊灯、瓷砖、桌子等截图组合在一起，形成装修方案向全班讲解你们的设计想法。

10.3　创新训练：纸桥设计大赛

10.3.1　领取悬赏任务

我们从桥梁设计团队获得了一个悬赏任务，设计并制作一款纸桥。完成任务就可以获得相应的创意币。

悬　赏　令

悬赏金额：1500 元创意币。

需求描述：

（1）只能采用提供的工具和材料，包括 A4 纸 9 张、美工刀、固体胶、剪刀、尺子、圆规、橡皮、铅笔、彩笔、钩码。

（2）桥身重量不能超过 60g。

（3）桥身只能由 9 张 A4 纸构成，可使用工具进行固定、美化。

（4）桥面长度不小于 28cm，能放下勾码盒，高度不低于 8cm，桥下能通过长 16cm、高 8cm 的木块。

（5）评分标准包括承重性排序（40 分）、创意排序（30 分）、美观排序（30 分）。

发布平台：桥梁设计团队

10.3.2　运用组合创新法制作创意作品

以小组为单位领取材料，讨论在满足要求的情况下怎样用有限的材料提升作品的承重性、创意性、美观性。

讨论如何将不同零件组合、衔接起来，避免承重即垮的问题。

讨论好后，动手制作。注意控制所用纸张数量，如果一张纸被破坏无法使用，可以用废纸向教师交换新纸。

制作好后，拍照留念。

10.3.3　提交任务，获得悬赏奖励

小组派代表向全班同学展示作品，介绍作品的承重性、创意性、美观性。

教师使用砝码测试各个小组纸桥能承重的最大重量，要求砝码放上去纸桥不会垮塌。

教师点评，根据悬赏任务的要求、任务的完成情况，填写酬劳金额。例如，悬赏金1500 元创意币的任务，学生作品满足要求的 80%，填写 1200 元创意币。

奖　　　　状

恭喜您在本次实训任务中，完成悬赏任务的 _____%。

获得酬劳

_____创意币

特发此证，以资鼓励。

年　　　月　　　日

10.3.4　创意作品示例

1. 分析评分标准

在制作纸桥前，我们首先要分析评分标准。由评分标准可知，纸桥能承受的重量越大越好，越美观越好，越有创意越好。此外，必须满足它的限制条件，即桥身重量不能超过 50g，只能由 9 张 A4 纸构成，那么在材料方面我们不能添加其他东西；桥面长度不小于 28cm，能放下勾码盒，这是对桥面长和宽的要求；高度不低于 8cm，桥下能通过长 16cm、高 8cm 的木块，也就是桥墩高≥8cm，桥墩之间要留有足够空间，至少有一个16cm×8cm 的长方形空间。

2. 提升创意

在提升创新方面，我们可以设计一个创新的主题，例如牛郎织女相聚的鹊桥、鲜花装饰的花桥、龙桥、半透明的竹桥、竖琴桥、供休闲聊天的桥、奥运主题的桥、自行车主题的桥、菱形主题桥、水滴主题桥、像戒指一样的幸福主题桥等。

3. 提升承重水平

要怎样使桥能承受更多重量呢？我们需要思考使用什么原理能够让桥承受重量，一般来说有四种方式：一是梁式桥，桥墩产生垂直向上的承受力；二是拱桥，桥的两侧产生向上的推力；三是斜拉桥，让桥塔通过斜拉索将桥梁拉起；四是悬索桥，铆钉通过桥塔将主缆拉起，桥梁通过吊杆悬挂在主缆上。

其中，梁式桥制作比较简单，容易操作。梁式桥设计中需要注意的问题包括桥面容易被压弯、桥墩容易被压塌、桥墩与桥面不易衔接，可以采取以下方式进行尝试。

（1）桥面设计。桥面怎样防止被压弯呢？我们可以设计出如图 10-3 所示的桥面结构，其中 W 形的纸会比平放的纸更能承受压力，且越紧实越能承重，如果能在 W 形缝隙中加上圆柱则可防止桥面被压弯。

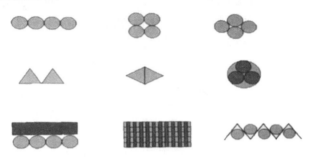

图 10-3　桥面结构

（2）桥墩设计。桥墩怎样防止压塌呢？桥墩紧实更易承重，此外，如果与地面的接触面积更大，压强更小，则可防止桥墩被压塌。

（3）桥墩与桥面的结合。怎样将桥墩和桥面衔接起来呢？这是非常重要的环节，也是重难点。如果直接粘固体胶，由于接触面积小两者很容易脱落。可以采用卯榫结构彼此牵制，也可以在两者之间用大面积的纸做胶带，增大接触面积，如图 10-4 所示。整体来说，三角形、梯形比长方形更具稳定性。

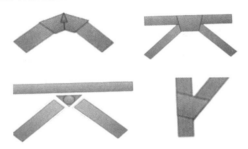

图 10-4　桥面和桥墩的衔接

4. 提升美观度

桥做好后，怎样让它更美观呢？可以在桥身上绘制花纹、增加颜色，也可以在桥两边设计精致的扶手，或者制作一些点缀装饰。

纸桥成品示例如图 10-5 所示。

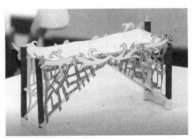

图 10-5　纸桥成品示例

项目 **11**

模仿创新法

学习目标

① 掌握模仿创新法的应用方法。

② 运用模仿创新法制作创意作品，培养创新能力。

③ 应用模仿创新法理解汽车、机器设计，体会工匠精神。

思维导图

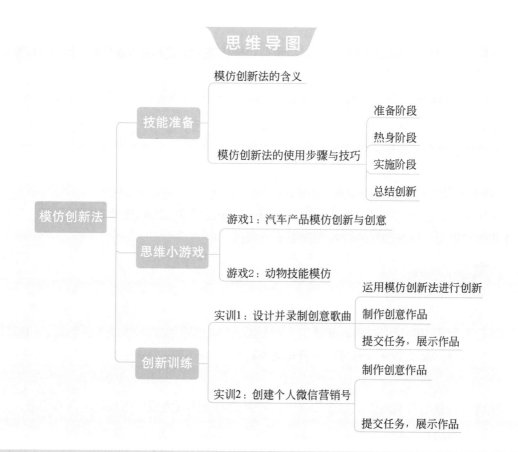

11.1 创新方法：模仿创新法

模仿创新是通过模仿而进行的创新活动，一般包括完全模仿创新和模仿后再创新两种模式。模仿创新的特点包括积极跟随性、市场开拓性、学习积累性、中间聚积性。

模仿创新的优势在于可节约大量研发及市场培育方面的费用，降低投资风险，回避了市场成长初期的不稳定性，降低了市场开发的风险。其劣势在于，运用这种方法难免会在技术上受制于人，而且新技术也并不总是能够轻易被模仿。伴随经济全球化，我国中小企业在国内外市场上面临的竞争更加激烈，而中小企业因其经营环境及自身能力的制约，常常陷入需要通过创新推动企业发展却又难以承担创新风险与创新投入的两难困境。模仿创新则是中小企业进行创新发展的一种理性选择。模仿创新法的使用步骤与技巧如下。

11.1.1 准备阶段

1. 挑选参与人员

选出参与人员，一般不超过 10 人。参与人员最好对模仿主题有一定了解，应具有一定个体差异性，这有助于观察不同人群模仿同样事物得到的不同结果。

2. 确定模仿主题

主持人提前与参与人员进行商讨，初步拟定模仿主题，选择模仿对象，让参与人员有意识地提前了解模仿对象。

3. 提前通知信息

主持人将确定好的模仿主题、背景信息交给参与人员，参与人员就前期收集的模仿对象情况做简要的交流，明确模仿创新的思路和步骤。

11.1.2 热身阶段

在活动前，组建小组并鼓励小组成员开展一些破冰活动，加深彼此之间的了解，营造轻松和谐的氛围，促进团队协作和创新思维的碰撞。

11.1.3 实施阶段

1. 说明模仿主题

主持人首先说明模仿对象，并要求大家在短时间内找到模仿对象的主要特征、特殊性和核心技术等，通过小组讨论得到模仿关键点。

2. 明确模仿标准

主持人向参与者说明模仿要求和规则，简要说明模仿行为或模仿成果的评判标准，鼓励大家畅所欲言，在模仿的基础上提出创新思路。

3. 实施模仿

主持人请各组根据模仿主题开始模仿创新，应注意以下要点。

（1）把控方向，注意围绕模仿关键点。

（2）营造轻松愉快的自由讨论氛围，鼓励大家提出创意。

（3）把控时间，开展模仿的时间不超过 30 分钟。

11.1.4 总结创新

评审组对各组的模仿表现进行评估，各组提供模仿后的经验总结，并提交模仿后的创新思路及实施策略。

11.2 思维小游戏：汽车产品模仿创新与创意

11.2.1 游戏方法

1. 准备与演讲

班级内进行分组，每组选择一款现有的汽车，讨论其设计生产过程中的模仿创新。

由小组代表上台介绍汽车产品的模仿创新，包括模仿对象、模仿原因、模仿关键点、模仿后的产品特点等。

2. 各组互评

各组进行互评，评估要点包括以下内容。

（1）模仿是否有价值？

（2）产品与模仿对象的模仿要素是否对应？

（3）产品模仿要点介绍是否清晰？

（4）产品未来的发展方向是什么？

3. 模仿再创新

（1）各组结合互评要点，对现有的汽车产品进行设计，开展模仿再创新的讨论并写出结果。

（2）由小组代表上台进行汽车产品模仿再创新的介绍。

11.2.2 游戏分析

各组根据互评情况选择具有代表性的汽车产品，通过网络查找信息资料，学习了解产品设计的模仿创新过程，并开展头脑风暴激发创新思维，在讨论和思维碰撞中产生对产品再创新的思考，将相关信息填入表 11-1。

表 11-1　汽车产品模仿创新记录表

汽车产品	模仿对象	模仿关键点	针对的用户需求	再创新点
甲壳虫汽车	甲壳虫	外形	女性用户的可爱造型需要	甲壳虫的翅膀

11.3　思维小游戏：动物技能模仿

11.3.1　游戏方法

（1）班级内进行分组，每组选取一种动物，了解该动物的某项特殊技能并确定为模仿关键点。

（2）各组设计动物技能模仿情境，由 3~6 名组员表演出本组所选动物的特殊技能，并在表演最后阐明该技能的独特性。

（3）举例说明目前人类对该技能的创新应用。

11.3.2　游戏要求

（1）应选取具有一定特殊性的动物，其技能可以被模仿。

（2）团队成员做好角色分工，在动物技能模仿中体会该技能的独特作用。

（3）对照梳理目前人类模仿该技能设计或创新的产品，数量越多越好。

11.3.3　动物技能模仿示例

案　例　　　　　**奇特的"机器蟹"**

为了探索海洋，工程师们尝试设计了许多可以在水下独立工作的机器，然而一个又一个的困难接踵而至。水下工作机器要能经受住海底高压的侵袭，要面对海底地面的坎坷不平，不仅依靠车轮前进。正当工程师们一筹莫展的时候，一种海洋节肢动物引起了他们的注意。

在海洋中，有一种梭子蟹，它身披"盔甲"，甲壳是一种薄壳结构，在承受压力时，力量可以向四周均匀扩散，不怕深海的高压，它爬行时，即使有石块阻拦，也能稳步前进不会摔倒。在梭子蟹的启发下，科学家们研制了"机器蟹"。这是一种能在水里行走和工作的机器人，人们可以在水面上对它进行遥控指挥。"机器蟹"不仅能夹住物体、采集岩样和海中生物，还能拿着一些工具在水下进行焊接、钻眼等施工操作，充分满足了海底工作需要，创新记录表如表 11-2 所示。

表 11-2 动物技能模仿创新记录表

梭子蟹技能	机器蟹的模仿点	机器蟹的创新点
深水抗压	海底抗压	焊接
海底行走	海底行走	钻眼
钳子可以夹住物体	夹住物体、采集岩样	

11.4　创新训练：设计并录制创意歌曲

11.4.1　领取悬赏任务

在企业经营管理中，一首新颖有趣的宣传歌曲非常具有营销价值，例如蜜雪冰城的主题曲就是改编自美国的一首民谣《哦，苏珊娜》。我们获得了一系列来自猪八戒网的悬赏任务，为企业设计创意歌曲。完成任务就可以获得相应的创意币。请任选一个任务，完成并获得创意币。

悬　赏　令

悬赏金额：2000 元创意币。

需求描述：

（1）海尔净水器目前正在推广，现征集企业歌曲，要求用一首当红流行歌曲改编体现海尔净水器饮水健康的创意歌曲。

（2）有关企业及产品的具体内容见海尔官网。

发布平台：猪八戒网

悬　赏　令

悬赏金额：1000 元创意币。

需求描述：

（1）用于酷家乐公司文化建设，歌词风格偏向《小苹果》《五环之歌》《大王叫我去巡山》。

（2）表现酷家乐装修设计平台的品牌形象。

（3）歌词简单，轻松搞笑，富有娱乐精神，但是不能低俗，不得抄袭。

（4）需要提供参考的音乐背景，曲和词串烧衔接必须自然。

发布平台：猪八戒网

11.4.2 运用模仿创新法进行创新

1. 挑选任务

从悬赏令中挑选一个合适的任务。

根据讨论，我们挑选的任务是：_____

2. 寻找模仿对象

小组成员分头行动，听听喜欢的歌，寻找可以借鉴、模仿的对象，寻找合适的伴奏。

经过我们的寻找，发现以下歌曲适合改编：_____

_____

3. 写出新编的歌词

尝试把改写的词写下来，注意和音乐对应。

修改后的歌名：_____

修改后的歌词：

11.4.3 制作创意作品

使用可以录歌的音乐 App 寻找伴奏，配合伴奏将歌词唱出来，录制成歌。如果是改编或原创的乐曲没有伴奏，可以用清唱的方式。

11.4.4 提交任务，获得悬赏奖励

各组在班内播放歌曲或者现场合唱。教师点评，根据悬赏任务的要求、任务的完成情况，填写酬劳金额。例如，悬赏金 1500 元创意币的任务，学生作品满足要求的 80%，填写 1200 元创意币。

奖　　　状

恭喜您在本次实训任务中，完成悬赏任务的 ＿＿＿＿＿＿＿％。

获得酬劳

＿＿＿＿＿＿＿＿＿＿＿＿＿＿＿＿＿＿＿＿ 创意币

特发此证，以资鼓励。

年　　月　　日

11.5 创新训练：创建个人微信营销号

11.5.1 领取悬赏任务

我们从营销主管处获得了一项悬赏任务，帮助大学生进行微信营销朋友圈设计，完成任务就可以获得相应的创意币。

悬　赏　令

悬赏金额：1600 元创意币。

需求描述：

（1）帮助对象是刚开始进行微信营销的大学生新人，无经营经验。

（2）为该微信用户进行合理的朋友圈设计，以便开展后续营销活动。

（3）选择与该用户类似的微信营销号，模仿其微信头像、签名、朋友圈风格等。在模仿的基础上，形成其独特微信形象。

需求来源：营销主管

11.5.2 制作创意作品

请运用所学的模仿创新法，为大学生进行合理的微信形象策划，并结合旅行相关的个体微信营销号进行模仿创新。

11.5.3 提交任务，获得悬赏奖励

请提交任务，将本组设计的微信名片、个人信息、朋友圈文案截图，向全班展示，并由教师根据悬赏任务的要求、任务的完成情况，填写酬劳金额。例如，悬赏金 1600 元创意币的任务，学生作品满足要求的 50%，填写 800 元创意币。

奖　　状

恭喜您在本次实训任务中，完成悬赏任务的 ＿＿＿＿＿＿＿%。
获得酬劳

＿＿＿＿＿＿＿＿＿＿＿＿＿＿＿＿＿＿＿创意币

特发此证，以资鼓励。

年　　月　　日

11.5.4 创意作品示例

1. 学生模仿个体微信营销号

结合某旅行相关的个体微信营销号，设计微信个人信息和朋友圈，如图 11-1 所示。

图 11-1　微信个人信息和朋友圈

2. 对微信好友进行分类

某学生分析：我的好友有 139 人，除去我的家人，有近 2/3 的好友都是在校大学生。这部分青年群体其实有很多的空闲时间，很多学生都在想办法充实大学生活。其中最长的自由时间就是寒暑假，大部分同学都想在这段时间去旅游，只是没有思路，没有得到好的旅游建议。

所以我觉得在旅游领域针对大学生做一个旅游线路的推荐营销号是一个不错的选择，他们可以通过我推荐的各种景点资料了解景点特色、旅游攻略等，还可以通过我拿到比较优惠的学生团购价格。想和朋友一起去旅游的好友也可以把我在微信朋友圈发出的链接或图片转发给其他朋友。如果推荐得当，就可以服务更多想要旅行的大学生，并形成规模效应，降低旅行成本。对此，我可以对微信好友进行分类，并分组推送适合他们的旅游信息，如图 11-2 和图 11-3 所示。

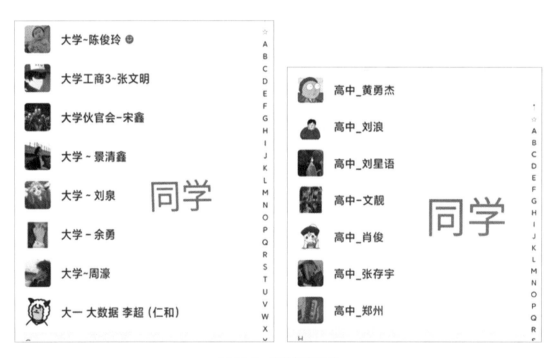

图 11-2   微信好友分类

3. 确定微信形象创新点：大学生小姐姐的旅行

针对大学生群体的营销，我认为只是普通大学生还无法让用户很好地记忆。经过调研，我发现大家通常会对学姐、可爱的小姐姐产生信赖感，乐于听取她们的建议。于是我把自己的微信营销号形象定位为亲切可爱的少女，并模仿旅行营销号修改了微信名，发布了有关旅游的朋友圈，朋友圈的风格也要注意亲切、实用，如图 11-4 所示。

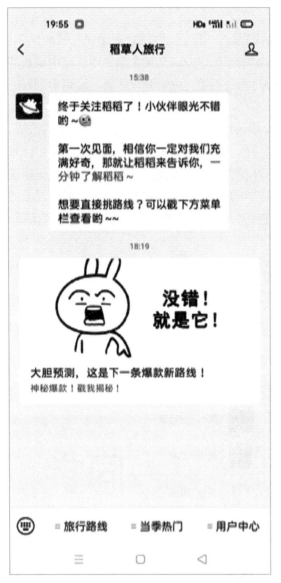

图 11-3　创新后的个性化微信推送

图 11-4　模仿发布的微信朋友圈

项目 **12**

奥斯本检核表法

学习目标

① 了解奥斯本检核表法的内容与使用步骤。

② 运用奥斯本检核表法完成改造自行车和寝室家居任务。

③ 运用检核表法改造文化墙，树立环保意识与文化创新意识。

思维导图

奥斯本检核表法

- **技能准备**
  - 奥斯本检核表法的含义及作用
  - 奥斯本检核表法的9大检核类别
  - 奥斯本检核表法的使用步骤
    - 明确需要解决的问题
    - 参照表中的9组提问，逐一核对讨论
    - 对新设想进行筛选，选出最有价值的设想
- **思维小游戏**
  - 游戏1：千奇百怪的自行车
  - 游戏2：家居极限大改造
- **创新训练**
  - 实训：设计并改造文化墙
    - 填写奥斯本检核表
    - 筛选出最好的创意
    - 制作创意作品
    - 提交任务，展示作品

12.1 创新方法：奥斯本检核表法

奥斯本检核表法是以该方法的发明者亚历克斯·奥斯本命名的一种创新方法，主要是利用检核表来完成创意设计。检核表是指根据研究对象的特点列出相关问题，并形成列表。列表一般有 9 行，每一行代表一个思考的方向，包含 2~4 列，其中最后一列用于填写创意。通过这张表格的引导，创新者可以对问题逐个进行核对讨论，从而发掘出大量解决问题的思路。

奥斯本检核表中的问题可归纳为 9 组提问，即 9 大检核类别，分别是能否他用、能否借用、能否改变、能否扩大、能否缩小、能否代用、能否调整、能否颠倒、能否组合，如表 12-1 所示。

表 12-1　奥斯本检核表

序号	检核类别	检核内容	创意思考
1	能否他用	现有事物除了人们公认的功能之外，是否还有其他用途	
2	能否借用	能否将其他事物中的原理、结构、方法、材料等方面移植过来，为我所用	
3	能否改变	能否改变现有的形状，改变制作工艺，改变物品的结构	
4	能否扩大	现有事物能否扩大面积、提高声音、扩大距离、延长时间、延伸长度、增加高度、增加数目等	
5	能否缩小	现有事物能否缩小、缩短、减少、减轻、分解、折叠、卷曲、删减	
6	能否代用	现有事物能否用其他物品、材料、元件、结构等代替	
7	能否调整	现有事物或事物的一部分能否变换排列顺序、位置、型号、材料等	
8	能否颠倒	现有的事物能否从功能、结构、原理、内外、上下、左右、前后、横竖、因果等角度颠倒过来用	
9	能否组合	能否与其他事物进行组合，可以按照原理、材料、功能等方面进行	

奥斯本检核表法最直观的作用是帮助我们解决"不会提问"的心理障碍，从而提升我们的创新能力与信心。奥斯本检核表法的使用步骤如下。

（1）根据创新对象明确需要解决的问题。

（2）根据需要解决的问题，参照表中列出的问题，运用丰富的想象力，强制创新者逐一核对讨论，并在表格中写出新设想。

（3）对新设想进行筛选，将最有价值和最具创新性的设想筛选出来。

12.2 思维小游戏：千奇百怪的自行车

传统自行车十分常见，能否对其进行创新呢？图 12-1 中有一些关于自行车的创意产品，请仔细观察这些创意产品，并将相应的序号填入表 12-2 所示的奥斯本检核表中。

注意：答案不唯一，言之有理即可。

①竹筒自行车

②电动自行车

③多人自行车

④装有LED灯的自行车

⑤装有小型电池的自行车

⑥自行车风铃

⑦婴儿推车自行车

⑧链条在外的自行车

⑨可折叠自行车

图 12-1 各种自行车

表 12-2 奥斯本检核表：自行车

序号	检核类别	检 核 内 容	自行车序号
1	能否他用	现有事物除了人们公认的功能之外，是否还有其他用途	
2	能否借用	能否将其他事物中的原理、结构、方法、材料等方面移植过来，为我所用	
3	能否改变	能否改变现有的形状，改变制作工艺，改变物品的结构	
4	能否扩大	现有事物能否扩大面积、提高声音、扩大距离、延长时间、延伸长度、增加高度、增加数目等	
5	能否缩小	现有事物能否缩小、缩短、减少、减轻、分解、折叠、卷曲、删减	
6	能否代用	现有事物能否用其他物品、材料、元件、结构等代替	
7	能否调整	现有事物或事物的一部分能否变换排列顺序、位置、型号、材料等	
8	能否颠倒	现有的事物能否从功能、结构、原理、内外、上下、左右、前后、横竖、因果等角度颠倒过来用	
9	能否组合	能否与其他事物进行组合，可以按照原理、材料、功能等方面进行	

12.3 思维小游戏：家居极限大改造

舒适整洁的家会使人很放松，可以提升居住者的工作或学习效率；相反，家里太乱或室内家具、照明布置不当，则会加重人的疲劳感，使人烦躁不安，压力增大。为了改善室内环境，请你运用奥斯本检核表法完成一次"家居极限大改造"！你可以将你的寝室一隅或者屋内一角作为创意对象，通过填写奥斯本检核表为自己改造出一个更加舒适整洁的家。

12.3.1 改造前

请在下表空白处，贴上你的寝室或者屋内一角的改造前照片。

请贴上改造前的照片：

12.3.2 改造中

请你运用如表 12-3 所示的奥斯本检核表进行"家居极限大改造"的创意设计。

表 12-3 奥斯本检核表：家居改造

序号	检核类别	检核内容	改造前	改造后
1	能否他用	现有事物除了人们公认的功能之外，是否还有其他用途		
2	能否借用	能否将其他事物中的原理、结构、方法、材料等方面移植过来，为我所用		
3	能否改变	能否改变现有的形状，改变制作工艺，改变物品的结构		
4	能否扩大	现有事物能否扩大面积、提高声音、扩大距离、延长时间、延伸长度、增加高度、增加数目等		
5	能否缩小	现有事物能否缩小、缩短、减少、减轻、分解、折叠、卷曲、删减		
6	能否代用	现有事物能否用其他物品、材料、元件、结构等代替		
7	能否调整	现有事物或事物的一部分能否变换排列顺序、位置、型号、材料等		
8	能否颠倒	现有的事物能否从功能、结构、原理、内外、上下、左右、前后、横竖、因果等角度颠倒过来用		
9	能否组合	能否与其他事物进行组合,可以按照原理、材料、功能等方面进行		

12.3.3 改造后

请你把"家居极限大改造"之后的照片贴在这里，看一看自己的生活是不是变得更加整洁舒适了呢？

请贴上改造后的照片：

12.4 创新训练：设计并改造文化墙

12.4.1 领取悬赏任务

我们从猪八戒网获得了一系列悬赏任务，进行文化墙设计与改造。完成任务就可以获得相应的创意币。请任选一个任务，完成并获得创意币。

悬　赏　令

悬赏金额：1000 元创意币。

需求描述：

（1）设计并改造某中学陈列馆的文化墙，底色需要换为天蓝色，文化墙上展板改为展示校园生活和学生风采。

（2）原文化墙如图 12-2 所示。

图 12-2　陈列馆文化墙

发布平台：猪八戒网

悬　赏　令

悬赏金额：1500 元创意币。

需求描述：

（1）某幼儿园原来的文化墙太老气了，希望设计之后的图案高端时尚一些，改造时会把原墙面全部清理干净，并用白色颜料刮平，重新制作墙绘。

（2）因为是在某古城区，所以设计的时候可以加一些古香古韵的色彩与造型。

（3）不想要蓝天、白云、草地上很多人物和动物的卡通造型。

（4）原文化墙如图 12-3 所示，注意主楼墙面和滑梯后面的文化墙都需要设计改造。

图 12-3　幼儿园文化墙

发布平台：猪八戒网

挑选一个合适的任务。根据讨论，我们挑选的任务是：＿＿＿＿＿＿＿＿＿＿＿＿＿＿＿

12.4.2 填写奥斯本检核表

请充分展开头脑风暴，并对创意进行讨论，将获得的创意填入表 12-4 中。

表 12-4　奥斯本检核表：文化墙改造

序号	检核类别	检核内容	改造前	改造后
1	能否他用	现有事物除了人们公认的功能之外，是否还有其他用途		
2	能否借用	能否将其他事物中的原理、结构、方法、材料等方面移植过来，为我所用		
3	能否改变	能否改变现有的形状，改变制作工艺，改变物品的结构		
4	能否扩大	现有事物能否扩大面积、提高声音、扩大距离、延长时间、延伸长度、增加高度、增加数目等		
5	能否缩小	现有事物能否缩小、缩短、减少、减轻、分解、折叠、卷曲、删减		
6	能否代用	现有事物能否用其他物品、材料、元件、结构等代替		
7	能否调整	现有事物或事物的一部分能否变换排列顺序、位置、型号、材料等		
8	能否颠倒	现有的事物能否从功能、结构、原理、内外、上下、左右、前后、横竖、因果等角度颠倒过来用		
9	能否组合	能否与其他事物进行组合，可以按照原理、材料、功能等方面进行		

12.4.3 筛选出最好的创意

请对新设想进行筛选，将最具价值和可行性的设想筛选出来，填入表 12-5 中。

表 12-5　奥斯本检核表：创意筛选

序号	检核类别	检核内容	入选的创意设想 （只填入选的创意设想，没有入选则不填）
1	能否他用	现有事物除了人们公认的功能之外，是否还有其他用途	
2	能否借用	能否将其他事物中的原理、结构、方法、材料等方面移植过来，为我所用	
3	能否改变	能否改变现有的形状，改变制作工艺，改变物品的结构	
4	能否扩大	现有事物能否扩大面积、提高声音、扩大距离、延长时间、延伸长度、增加高度、增加数目等	
5	能否缩小	现有事物能否缩小、缩短、减少、减轻、分解、折叠、卷曲、删减	

续表

序号	检核类别	检 核 内 容	入选的创意设想 （只填入选的创意设想，没有入选则不填）
6	能否代用	现有事物能否用其他物品、材料、元件、结构等代替	
7	能否调整	现有事物或事物的一部分能否变换排列顺序、位置、型号、材料等	
8	能否颠倒	现有的事物能否从功能、结构、原理、内外、上下、左右、前后、横竖、因果等角度颠倒过来用	
9	能否组合	能否与其他事物进行组合，可以按照原理、材料、功能等方面进行	

12.4.4 制作创意作品

请把改造后的文化墙展示在这里，可以手绘示意图，也可以使用计算机绘制效果图。

改造后的文化墙（图纸或效果图）：

12.4.5 提交任务，获得悬赏奖励

小组在班级展示文化墙的改造成果。

教师点评，根据悬赏任务的要求、任务的完成情况，填写酬劳金额。例如，悬赏金1500 元创意币的任务，学生作品满足要求的 80%，填写 1200 元创意币。

奖　　状

恭喜您在本次实训任务中，完成悬赏任务的 ＿＿＿＿＿＿%。

获得酬劳

＿＿＿＿＿＿＿＿＿＿＿＿＿＿＿＿＿＿＿＿创意币

特发此证，以资鼓励。

年　　　月　　　日

项目 13

综合运用：打造乡村 IP，助力乡村振兴

学习目标

1. 了解乡村振兴战略的具体内容。
2. 了解打造乡村 IP 的常见做法，激发助力乡村振兴的热情。
3. 掌握打造乡村 IP 的五部曲。
4. 掌握乡村 IP 运营方法，设计乡村 IP 运营方案。

思维导图

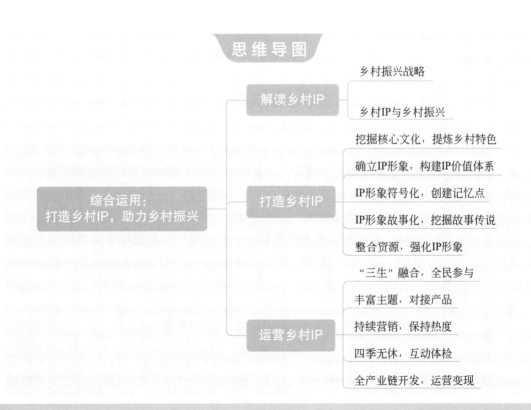

在之前的讲解中，我们学习了常用的创新思维和创新方法，并进行了一些专项训练，现在我们要综合运用这些创新思维和创新方法进行实战演练"打造乡村IP，助力乡村振兴"。

13.1 解读乡村IP

13.1.1 乡村振兴战略

乡村兴则国家兴。实施乡村振兴战略，是党的十九大做出的重大决策部署，是以习近平总书记为核心的党中央着眼党和国家事业全局，深刻把握现代化建设规律和城乡关系变化特征，顺应亿万农民对美好生活的向往，对"三农"工作做出的重大决策部署，是决胜全面建成小康社会、全面建设社会主义现代化国家的重大历史任务，是新时代做好"三农"工作的总抓手。要坚持农业农村优先发展，按照产业兴旺、生态宜居、乡风文明、治理有效、生活富裕的总要求，建立健全城乡融合发展体制机制和政策体系，加快推进农业农村现代化。

习近平总书记在党的二十大报告中指出，高质量发展是全面建设社会主义现代化国家的首要任务。我们要坚持以推动高质量发展为主题，全面推进乡村振兴，坚持农业农村优先发展，坚持城乡融合发展，畅通城乡要素流动；加快建设农业强国，扎实推动乡村产业、人才、文化、生态、组织振兴；发展乡村特色产业，拓宽农民增收致富渠道；巩固拓展脱贫攻坚成果，增强脱贫地区和脱贫群众内生发展动力；统筹乡村基础设施和公共服务布局，建设宜居宜业和美乡村。

13.1.2 乡村IP与乡村振兴

我们怎样才能助力乡村振兴呢？可以尝试通过打造乡村IP，助力乡村振兴。

1. IP的含义

IP是intellectual property的缩写，是指创造出来的知识产权和独享的专利。2015年起，从文学创作领域衍生到电影、漫画、戏剧，以及近年来进入自媒体及品牌营销领域，"IP"一词在国内被广泛使用。IP的原点可以是一个人、一部电影、一个游戏、一本小说等，延伸方式具有无限可能，包括文字、图片、音频、视频、游戏等。

在很长一段时间里，人们觉得品牌就是IP、IP就是品牌，其实两者是不同的。品牌和IP都包含理念、内涵、情感共鸣，两者都需要长期建设，但品牌始终依托于某一个具体的产品，而IP则可以是一个价值观、一个人格，IP的目的是追求价值和文化的认同，它是可以跨形态、跨时代、跨行业的。

2. 乡村IP对乡村振兴的作用

走中国特色社会主义乡村振兴道路，能够让农业成为有奔头的产业，让农民成为有吸引力的职业，让农村成为安居乐业的美丽家园。但当前乡村振兴仍面临各种现实问题和难点。例如，乡村农产品附加值低，没有品牌，缺乏竞争力，乡村旅游同质化严重，特色不突出，使得乡村产品难以在市场上获得竞争力。

打造一个具有特色的乡村 IP，则可以让一个原本默默无闻的乡村迅速为众人所知，成为著名的"打卡胜地"，从而带动当地经济发展，实现乡村振兴。打造乡村 IP 助力对于乡村振兴的重要作用体现在以下几个方面。

（1）乡村 IP 可以传承和创新乡村的文化血脉。

（2）乡村 IP 可以优化和重塑乡村的产业体系。

（3）乡村 IP 可以推动乡村品牌价值提升。

（4）乡村 IP 可以延展消费边界，提升二次消费。

3. 打造乡村 IP 的对象

打造乡村 IP 常依托于以下几方面内容。

（1）独特的风景。独特的风景能够吸引消费者了解乡村，提升乡村知名度。重庆市的酉阳桃花源是国家 5A 级景区，被广泛认为是陶渊明笔下《桃花源记》的原型地，由世外桃源、太古洞、酉州古城、桃花源国家森林公园等景点组成，气候宜人，风景秀美，每年都吸引了大量游客前来观光旅游，极大带动了当地经济，促进了当地的乡村振兴。

（2）丰富的乡村文化。丰富的乡村文化对于中高收入的城市人群非常具有吸引力。广东省梅县区深挖乡村文化底蕴，让美丽乡村"各美其美"：桃溪村将知青文化与美丽乡村建设相结合，传承知青精神，打造知青文化村，如图 13-1 所示；玉水村有半数以上的家庭有成员外出做厨师，村里发挥厨师人才优势，创建"广东厨师之乡"，打造厨师文化；侨乡村有 116 座客家古民居，各自成幢相互守望绵延数里，宛如一个天然的客家民居博物馆，于是该村依托客家古民居和风俗习惯，打造村居文化。

图 13-1 知青文化村

（3）特色农产品。农产品具有很强的地理属性，例如黑龙江的五常大米，江苏阳澄湖的大闸蟹，湖北潜江的小龙虾，福建武夷山的大红袍茶叶等，都非常受消费者欢迎。再如，四川绵竹有一个著名的"年画村"，是一处以乡村旅游、年画商品生产为主，结合新农村建设的民间工艺文化旅游景区，这个村里家家户户的青瓦白墙上都画着栩栩如生、喜气洋洋的年画，吸引了大量游客。

（4）地标式建筑。农村地区通常缺少认知标识，很难识别。地标式建筑会在整个乡村区域形成独特的影响力。重庆荣昌在荣昌陶瓷的基础上建成安陶小镇，形成如图 13-2 所示的安陶小镇地标式建筑，打造陶都特色 IP，每年都吸引来大量游客来观光旅游。

图 13-2　安陶小镇地标式建筑

（5）可爱的吉祥物。在乡村 IP 推广中，吉祥物占据了极其重要的位置。这些吉祥物不仅是标志，更代表了地方的精神和文化。浙江金华的白鹤殿口村是一个适合避暑旅游的村庄，村庄里有座殿，白鹤就在殿两旁的田野上飞翔。当地的百姓们把白鹤当成吉祥物，于是将这座殿取名为"白鹤殿"。"先有鹤，再有殿，后有村"，白鹤殿口村因此成名。村中墙绘上出现最多的就是吉祥物——白鹤，还有溪畔的白鹤雕像，非常适合游客拍照、打卡。

（6）独特的节日。独特的节日对乡村 IP 推广具有重要作用。重庆潼南盛产油菜花，每年春天的油菜花节吸引了众多城市游客前来赏花，成为潼南的名片。无边无际的金黄色花海连绵起伏，由不同颜色油菜花组成了"天、地、日、月"四个古代象形文字，构成一幅绚丽的乡村画卷。

练一练，挖掘乡村 IP

　　深入挖掘家乡的独特风景、特色农产品、美食、传统文化、名人逸事等，提炼其文化特色和精神内涵，并填入表 13-1 中，为乡村 IP 设计做准备。

表 13-1　家乡 IP 挖掘

家乡	独特风景	特色农产品、美食	传统文化	名人逸事	文化特色	精神内涵
重庆铜梁	玄天湖、安居古镇、火龙舞	莲藕、凤爪、黄花、葛粉、兰花根	铜梁、龙文化	邱少云、刘雪庵	铜梁龙舞与民俗活动紧密相连、形式丰富、动律谐趣，道具构思巧妙，造型夸张，服饰俭朴大方，群众参与性强	铜梁龙舞体现了团结合力、造福人类、奋发向上、和谐自然的精神

13.2 打造乡村 IP

初步认识乡村 IP 后,该如何创新打造乡村 IP 呢? 通常可遵循打造乡村 IP 的五部曲。

1. 挖掘核心文化,提炼乡村特色

打造乡村 IP,要深入挖掘当地核心文化特色,提炼乡村精神文化内涵,了解当地居民和目标消费群体的情感诉求,创建出具有乡村文化特色的 IP 形象。例如,客家是一个具有显著特征的汉族民系,客家文化是指客家人共同创造的物质文化与精神文化的总和,包括语言、戏剧、音乐、舞蹈、工艺、民俗、建筑、饮食等方面。客家文化的基本特质是儒家文化,祖先崇拜、寻根意识、崇文重教、勤奋奉献、开拓精神是客家文化的特点,纯朴、睿智、挚孝、爱国是客家精神核心。

2. 确立 IP 形象,构建 IP 价值体系

乡村 IP 形象化不仅体现在外在形式,还包括背后的价值观,内外结合才具有吸引消费者、集聚流量的动力。例如,网络红人李子柒受到欢迎不仅是因为她长得漂亮,还在于她在视频中展现出了一种诗意的田园生活。若结合客家文化的特色,打造玉水村"广东厨师之乡"特色 IP,可以考虑选择大白鹅作为 IP 形象。这是因为脆皮烧鹅是粤菜的十大名菜,色泽金红、皮脆肉嫩、味香可口,在广东大街小巷的烧卤店随处可见,颇具代表性。可以把大白鹅设计成如图 13-3 所示的"鹅大厨"IP 形象,赋予其幽默睿智、厨艺高超、勤奋能干、自立自强、热爱家乡的价值体系。

图 13-3 "鹅大厨"IP 形象

3. IP 形象符号化,创建记忆点

符号的意义在于降低 IP 被发现和被记住的成本。每一个 IP 都需要构建自身的符号体系,只有这样才容易被记忆和传播,便于后续的开发、利用、运营。符号要具有极简的设计、时尚的表达、鲜明的人格,才会形成高识别度的 IP 符号。例如,绵竹年画村可以把

年画娃娃作为 IP 形象进行符号化设计，桃溪知青村可以对知青形象进行符号化设计，玉水村鹅大厨的形象、行为、人格等也要进行精心设计，形成一套完整的视觉识别系统、行为识别系统和理念识别系统。

4. IP 形象故事化，挖掘故事传说

确定乡村 IP 形象后，需要请专家学者挖掘关于该形象的传说、故事，找到更多可以加工的素材，强化 IP 形象的内在价值，向人们传递价值观，满足消费者的文化价值需求。例如，"鹅大厨"的出生地、休息的石头、戏水的水池、"鹅大厨"的拿手好菜、"鹅大厨"和他的兄弟姐妹们等，把平淡无奇的景点和情节故事化，使 IP 形象更加传神、更加深入人心。

5. 整合资源，强化 IP 形象

设计好乡村 IP 形象后，还需要整合资源，对 IP 形象进行强化。为了强化"广东厨师之乡"的 IP 形象，梅县区在 2018 年全面启动了"客家菜师傅工程·十个一系列活动"，以玉水"厨师之乡"为抓手，以"客家菜师傅"乡土人才培养工程为切入点，传播客家文化，将玉水厨师村打造成独具客家特色的新名片。

乡村 IP 打造五部曲，各步骤环环相扣，可帮助我们结合乡村文化，确立 IP 形象，构建 IP 价值体系，把 IP 形象符号化、故事化，使 IP 形象更加深入人心。

练一练，打造乡村 IP

按照打造乡村 IP 的五部曲，深入挖掘家乡核心文化特色，设计乡村 IP 形象，构建乡村 IP 价值体系，将 IP 形象符号化、故事化，使 IP 形象便于记忆，更加传神。

请把设计出的乡村 IP 形象画在下方空白处：

撰写 IP 形象故事：

13.3 运营乡村 IP

打造出乡村特色 IP 后，还要对其进行良好的运营，这样才能保持持续的热度，拥有持久的生命力。IP 运营就是实现人、环境、产品、产业与 IP 的连接，使之正常运转，产生持续的经济效益。IP 运营需要从以下几个方面进行。

1. "三生"融合，全民参与

运营乡村 IP 要树立"三生"（生态、生产、生活）融合的思想，以"三生"融合的方式，解决"三农"（农业、农村、农民）问题。原生的农村生态环境、农业生产场景和农村生活场景是最好的运营内容。其中，村民是乡村真正的主人，是乡村文化、艺术、民俗、技艺的载体，村民的支持和参与对 IP 的运营、宣传具有极大的推动作用，能有效营造出和谐、友善的乡村氛围，增加消费者的满意度。

2. 丰富主题，对接产品

设计出 IP 形象，还需要在运营中进一步丰富主题、打造产品，形成产品、场景与 IP 的对接。乡村生活主要通过三个方面对城市人群产生吸引力：时令美食、民艺手作、古风生活。自然的农业生产方式、健康的食材、传统的制作工艺、原真的地方风味……这些都是乡村美食相较于城市餐饮具有强竞争力的内容。玉水村打造客家菜厨师村，可以充分挖掘本土美食、花式菜肴，利用野菜、瓜果、鲜笋、荷藕等新鲜食材，以及酱、酒、茶等乡村传统制作技艺，丰富产品线，把这些产品与乡村 IP 联系起来进行包装设计、形象打造。

3. 持续营销，保持热度

IP 与产品对接以后，可以还需搭建场景，可以充分运用电视、微博、微信、短视频等多种媒体持续传播，保持热度。李子柒作为一个现象级的乡村 IP，微博拥有关注者 2300 多万，每条视频播放量都在几十万到几百万，通过连续发布的视频描绘出了一个理想的东方田园生活。玉水村把特色菜——姜蓉鸡搬上了央视的美食节目《味道》，节目中鸡与姜蓉共同翻炒的画面，引得观众垂涎欲滴，对玉水"厨师之乡"的传播起到了巨大的推动作用。此外，我们还可以围绕"鹅大厨"制造一些话题，如"鹅大厨"的一天、跟"鹅大厨"学客家菜、"鹅大厨"征文比赛、玉水村农产品采摘节等，展开口碑营销，保持热度。

4. 四季无休，互动体验

打造乡村 IP，还要提供足以让游客流连忘返的娱乐项目和互动体验，将 IP 特色、当地文化融入游戏中，让游客轻松愉快地度过休闲时光。例如来到玉水厨师村，便可以体验当大厨的感觉，可以设计活动让游客穿上雪白的大厨衣、戴上高高的大厨帽，参与从食材的种植、采摘，到家禽的喂养，再到亲手体验制作香肠、冷盘、热炒、煲汤，以及客家菜基础培训、厨艺大比拼等诸多活动，让游客在轻松娱乐中有所收获。

5. 全产业链开发，运营变现

IP不是孤立和封闭的，而是与产业相连接的。一个成熟的IP产业链涉及知识产权保护、衍生品打造、衍生品销售、主题体验店打造，甚至还涉及商业地产项目。要充分设计好基于全产业链的商业模式、运营模式和营利模式，最终实现运营变现。例如，玉水村充分利用现有的厨师人才资源，打造客家菜师傅培养—绿色农家乐旅游—特色产品产销的"一条龙"产业链，走上了一条乡村振兴的"风味之路"。

总体来说，内容的挖掘、产业的孵化和运营的变现是乡村IP打造的三大维度。在乡村IP创新打造过程中，我们要深挖乡村特色文化，用系统的创新思维和创新方法来设计打造特色IP，构建完整的消费链条，产生持续的经济效益，推动乡村振兴。

 练一练，设计乡村IP运营方案

结合家乡的特色农产品和传统文化，在已经设计出来的乡村IP的基础上，设计商业模式，写出运营方案。

商业模式：

运营方案：

参 考 文 献

[1] 于雷 .500 个经典逻辑思维游戏 [M]. 北京：天地出版社，2018.

[2] 王亚东，赵亮，于海勇，等 . 创造性思维与创新方法 [M]. 北京：清华大学出版社，2018.

[3] 张德琦 . 创造性思维与创新方法 [M]. 北京：化学工业出版社，2018.

[4] 王竹立 . 你没听过的创新思维课 [M]. 北京：电子工业出版社，2017.

[5] 彼得·斯卡金斯基，大卫·克劳斯怀特 . 创新方法：来自实战的创新模式和工具 [M]. 陈劲，蒋石梅，吕平，译 .
    北京：电子工业出版社，2016.

[6] 吴寿仁 . 创新思维力 [M]. 北京：新华出版社，2015.

[7] 徐俊，刘刚，黄先栋 . 基于设计思维的创新课程教学实验——以南京信息职业技术学院 DET 创新训练营为例
    [J]. 装饰，2017(9):75-77.

[8] 陈烨，贾文胜，郑永进 . 高职院校创新创业教育：理性反思与模式构建 [J]. 高等工程教育研究，2018(2):170-
    175.

[9] 叶正飞 . 基于产教融合的地方高校创新创业教育共同体构建研究 [J]. 高等工程教育研究，2019(3):150-155.

[10] 何丽丹，李克东，郑云翔等 . 面向创造力培养的 STEM 教学模式研究 [J]. 开放教育研究，2019, 25(4):66-74.

[11] 陈鹏，田阳，黄荣怀 . 基于设计思维的 STEM 教育创新课程研究及启示——以斯坦福大学 d.loft STEM 课程
    为例 [J]. 中国电化教育，2019(8):82-90.